皇學館大学研究開発推進センター史料編纂所編
資料叢書第十一輯

神宮御師資料

福島大夫文書

皇學館大学出版部

目次

凡　例

一、本編は神宮文庫所蔵の福島大夫関係御師文書（図書番号・第一門一二六九九号）を中心に「神宮御師資料　福島大夫文書」として文書一〇六点並びに補遺一点を収めた。排列は概ね時代別の順序とした。

一、本書掲載の図版は、神宮文庫所蔵マイクロフィルム（写真版）より掲載した。翻刻並びに図版掲載のご許可をいただいた神宮司庁並びに神宮文庫には深甚の謝意を表する次第である。

一、翻刻に際し、漢字は原則として、旧漢字、異体字、略字体は現行の字体に改めた。但し、地名、人名などの固有名詞は原史料のままの漢字とした。また、原文には読点（、）、並列点（・）を記した。

一、原文の虫損、破損、汚損などによる判読不能の文字は字数の推定できるものは□で示し、字数の不明確なものは［　　］で示した。

一、本文中の異筆、追筆は（　）で示し、原文墨抹は■、見せ消しは文字の上に二重線を付し、右側に書き改めた文字を加えた。

一、文字に誤書、脱漏があると思われる箇所には、マ、を付し、編者の案を傍注した。

一、文書の本紙の形状（折紙・切紙など）を示した。

一、本編の編輯は本学研究開発推進センター史料編纂所第二部門神宮資料の編纂事業として、原稿作成は同センター共同研究員の谷戸佑紀（皇學館大学准教授）・窪寺恭秀（神宮文庫　神宮主事）が担当し、解説は谷戸佑紀が執筆した。

福島大夫文書目録

頁数

福島大夫文書

一、もりミ大夫弘家道者売券（竪紙）

（端裏書）
「いわふちおたや　　下馬所
　宗兵衛殿　まいる　　もりミ大夫」

永代うり渡申山城国宇治れんしやう寺
と申里一ゑん、同宇治之おく殿一門
一ゑん、同山城国やわたの森之かしわ屋
兵衛五郎殿一門一ゑんニうり渡申候、依
急用有ニ直銭拾貫文ニいわふち之
おたや宗兵衛方へうりわたし申候、万一
いかやう之儀候共、此道者ニおいてすこしも
いらんわつらひ申ましく候、もしりやうし
申候ハヽ、三方より御せいはいあるへく候、
仍為後日うりけん状如件

　永正十四年（ひのとうし）五月廿日　　弘家（花押）

　　うり主下馬所もりミ大夫

おたや宗兵衛殿　まいる

たうしや之注文、山城国宇治れんしやう寺□（里）
せいうんあん　にしのあん　とり坊同　さんミ殿
けいし殿　けん七殿　とうしん　弥五郎殿
□（三）郎太郎殿　さ□□□□殿　□□□□　とう□□

（付箋）
「永正十四」

○『輯古帖』（三重県編『三重県史　資料編中世1（下）』所収、三重県）に収録する写しの原文書である。

二、衛門五郎畠地売券（竪紙）

（端裏書）
「衛門五郎畠文書　タカ野」

永代沽渡申畠地之事

　合四枚、在所者上きさ野

　四至（東者亀寿大夫殿限畠　南者高野の限道／西者龍大夫殿限畠　北者同亀寿大夫殿限畠）

右件畠地者依有急用直銭七貫文
下久保海蔵坊江沽渡申処実正明
鏡也、於此畠地者天下大法之地起
行候共、不可有相違者也、為後日本文書

相副沽券状如件
斗代者六斗也
天文七年戊戌九月十一日　売主衛門五郎（略印）
口入もちや少二郎
下久保　海蔵坊　参
（付箋）「天文七」

三、又六後家・同むすめ畠地売券（竪紙）
（端裏書）「又六こ家文書　又六下地」
永代沽渡申畠地之事
　合四枚者、長屋前也、麦六斗代也
　四至
右件畠地者当知行無相違下
地也、雖然依有急用直銭六貫文ニ
海蔵坊へ本文書相副、永代売渡
申候処実正明白也、天下大法地起・徳
政行候共、於此畠地他之妨違乱煩不可
有者也、仍為末代沽券状如件
　沽主下久保福井与左衛門殿
天文十二年癸卯三月廿日　同むすめ
之内又六後家（筆軸印）
口入もちや五郎二郎
海蔵坊　参

四、紺屋助次郎畠地売券（竪紙）
（端裏書）「　　小坂」
永代売渡申畠地事
　合壱段、在所者小坂、斗代壱石也
　四至堺　限東地類　限西大道ヲ　限南モ地類ヲ　限北奥山殿畠
右件畠地者代々相伝、当知行于今無相違
畠地也、雖然依有急用直銭廿弐貫文
せいろう屋彦二郎殿江沽脚（マヽ）仕候処実正
明鏡也、若天下大法之地起行候共、於此畠地
違乱煩有間敷物也、為後日相添本文書ヲ
放券状如件

天文拾三年甲辰十一月吉日　　売主紺屋助次郎（花押）

一志ひこ次郎殿　まいる

五、甚四郎末貞請取状（竪紙）

請取申末満之所分事

北方　いつミ　松本　御道者一円　ひなかの藤衛門殿 多福庵

上分有

十一郷　しき田御道者一円

上分三石共ニ也、中村ハのく

むかいの出屋敷我等の居分

西東六間余　北南弐間々中

右請取申所分、於後日不可有違乱

物也、仍状如件

甚四郎

天文十九年かのへいぬ九月吉日　　末貞（花押）

福嶋殿　参

（付箋）「天文十九」

○『徴古文府』（三重県編『三重県史　資料編中世1（下）』所収、三重県）に収録する写しの原文書である。

六、奥谷刑部・同彦五郎刑部連署田地寄進状（竪紙）

（端裏付箋）「元亀四」　　（端裏付箋）「元亀元年　三四三年」

奉寄進田地之事

山城国綴喜郡奈嶋之内、

合壱段者　号クホニ在之、年貢ハ十合

升仁柒斗五升也

右件之田地者雖為禅定寺奥谷形部・

彦五郎形部買得相伝、（ママ）為

太神宮御供料、奉永代寄進処

実也、然者毎年全可有御知行者

也、仍而奉寄進永代処如件

禅定寺里

元亀四年癸酉三月廿八日　　奥谷形部（花押）

同

彦五郎形部（花押）

伊勢ヤウタ
　イワフチ
　　小田屋宗兵衛尉殿
　　　　参

七、紀太孫右衛門尉旦那職契約状（竪紙）

以上

一、永代申合候旦那職之事
我等壱類ニ於山田相定申候やと無御
座候間、永代其方ヲ我等壱類御師ニ
相定申候、仕合よく大明（マヽ）ニ罷成候ハ、高ニ付
年々百分壱ヲ進上可申候、弥々御祈念候て
可給候、自然我等儀付やとなとゝ申人候ハ、
罷出相さはき可申候間、可御心安候、弥々仕
合よきやうニ御祈念頼入候、仍為後日如件

紀太孫右衛門尉

天正仁（マヽ）ミつのへとり年九月吉日　　（花押）

三村一二蔵殿　まいる

（付箋）「天正二」

○『輯古帖』（三重県編『三重県史　資料編中世1（下）』所収、三重県）に収録する写しの原文書である。

八、大工彦衛門等連署屋敷売券（竪紙）

（印）八日市郷内三村

売渡申候屋敷之事
山田八日市前之村之内経蔵ニ之有
東西六間南北へ二間以上、つほかす
十二ツホアリ
四方限　東ハ道ヲ限　南ハ心田庵屋敷ヲ限（アイニセ、ナキ有）
西ハ新庭殿屋敷ヲ限、北ハ大主屋ノ屋敷限也
右件屋敷之元ハ世古ノ半左衛門尉殿より
大工二郎三郎買徳也、雖然用々依有大弐公ヨリ以
八木五石請取申、売渡事実

正也、徳政地発行候共、於此屋敷ハいらん
わすらい不可有物也、仍為後日状如件
天正元年癸酉十一月八日
二郎三郎兄弟 大工彦衛門尉（略押）
二郎三郎兄弟 あねのふ女
二郎三郎子 あい千代女（略押）
二郎三郎子 お松女（略押）

（付箋）「天正元」

九、龍味軒書置（竪紙）

□□□□□□さうのやしき
□□一期の間ハ元昌存知可申候
北いぬいのすみ十二つほ渡申候、
此屋敷ひかしよりにしへ道あり
円盛方へ東西三間、北南へ
四間合十二つほ、是ハ真伝
御絵を御かけ候て、末代念仏
御申候て仕候へと約束候、如此候、
此屋敷へ庵を御つくり候へく候、
真伝比丘御とふらい候て候へく候、
為其一筆申置候、仍如件
天正弐年キノエいぬ九月廿一日　元（花押）
しんせい まいる　龍味軒

（付箋）「天正二」

一〇、福嶋末慶屋敷売券（竪紙）

定　永代売渡申屋敷之事
合壱所、在所者八日市庭前野村、坪数拾壱坪
壱尺五寸、北南四間ま中、西東へ二間ま中
四至堺者
東ハ　限太郎三郎屋敷ヲ
南ハ　限すいとを、但すいとハ四間ま中之内也
西ハ　限孫六屋敷ヲ

北ハ　限大道ヲ

右此屋敷者依有急用、黄金壱枚二朱ニ浦口
小八子之三郎殿ニ売渡申処実正明白也、若
天下大法之徳政・地起行候共、別而申合候間、子々
孫々迄違乱煩有間敷者也、但此屋敷拾年之
内ニかい返し申候ハヽ、壱枚二朱ニかい返し可申候、其過候ハヽ、
永代可為御知行候、仍為後日証文如件

福嶋四郎右衛門尉

天正八年庚辰五月吉日　末慶（花押）

浦口　使すあい

小八子ノ三郎殿 参　太郎衛門殿

（奥裏書）
「此文書之屋敷之内金子壱両弐分ニ面
三尺、北南江四間ま中、四郎右衛門尉殿内太郎三郎
永代かい申候、為其如此候、以上

与村孫作

末忠（花押）」

一一、又三郎畠地売券（竪紙）

永代売渡申候畠地之事
合半段者、在所ハ高木油七斗五升代
四至堺者 東ハ限嶋や善二郎畠 西ハ地類なり 南ハ限福井殿畠 北ハ道を限なり
右之畠地者依有急用、金子弐両壱貫（ひた）五百文、
大工弥七殿江永々売渡申候処実正明白也、
此上天下大法之地起・徳政行候共、於此
畠別而申合候間、違乱煩申間敷候者也、
仍為後日如件

天正九辛巳年五月吉日　又三郎（略押）

買主　口入具足や与四郎

大工弥七殿 参

（付箋）
「天正九」

一二、長世古末真屋敷売券（竪紙）

永代売渡申屋敷事

南ハ道限、西ハ水落限

在所八日市前野村　北福嶋殿屋敷限
東ハ一志前右衛門殿屋敷限
右之屋敷我等雖為居住、依有急用
一円金子六両二分ニ売渡申処実正明白也、
若於此屋敷違乱在之者、我等子々
孫々罷出相唀可申者也、仍
為後日状如件
長之世古新七郎
文禄五丙申年壬七月廿五日　末真（花押）
福嶋殿　まいる

一三、徳田政長屋敷売券（竪紙）
永代うり渡申屋敷之事
則本文書相そへ渡し申候也
合而壱所、在所者上館西ノはし也
北ノかわ西三間間中六寸、西東江
南ノかわ四間ニ但三寸不足、西東へ
北南へ六間之中

東ハかち屋館屋敷限、西ハ大道限
南ハ藤社屋敷限、北ハ大道限
右之屋敷者依急用有、銀子九十五匁ニ永代
館茂右衛門殿へうり渡し申所実正也、若天下
一同之徳政行候共、於此屋敷者無相違、永代
御知行可有候、為後日売状如件
岩渕徳田九右衛門尉
慶長二年ひのととり極月廿六日　政長（花押）
使者すわいや四郎左衛門
上館
村田茂右衛門殿　参
（付箋）「慶長二」

一四、鮓屋吉定屋敷売券（竪紙）
永代売渡屋敷之事
限北者　大道ヲ
限西者　亀田源七殿屋敷ヲ

限東者　服部殿内与三二郎殿屋敷ヲ
限南者　大道ヲ
限南ノカハ　西東福嶋殿屋敷ヲ
右件屋敷久敷雖為智行、依有急
用之子細、金子三枚九両に売渡申候
処実正明白也、本文書三ツ御座候、相副
渡申候、若天下大法之徳政行候共、別而
申合子細候条、違乱煩有間敷候、
仍為後日如件

慶長三つちのへいぬ年卯月廿四日　　鮓屋四郎大夫
吉定（花押）
使又衛門
同四郎左衛門

（付箋）「慶長三」

一五、うやへきうへ道者売券（竪紙）

永代売渡申御道者之事

右之在所□（者）北伊勢白子ぢけ之内
かたや町一円也、但此内駿河藤江□（田）
町ニ御住所之衆□（五）人有、此内一人ハ符中ニ
御入候、其外御親類中皆々御知行可
有候、此代ハ銀子六十匁也、急用之依有
子細、売渡申事実正明鏡也、縦天下
一同之徳政行候□（共）、此御旦那ニ付而違乱
煩有間敷候、其□□（上小）日記相副進之候、
又此在所之内□□（より）一人成共いつくへ被越候て
御座候共、我々存間敷候間、其方より永々
御知行可有候、仍□□（為後）日沽券之状如件

うやへきうへ

慶長四亥つちのとの卯月吉日　　同（花押）
使にしかハら
すわい孫右衛門尉

追而申候、自然しちもつ□（又）ハつくり文書親類間□□（より）
いか□□（やう）の事申候共、我々か□□□（たより）急度申付さはき可申候間、
違乱煩候ましく□（候）、此上

跡々我々より代官つかハし□□(候者)、
旦那をかくし□(を)き候共、いつくにても
御尋候て其方へ御知行可有候、□(又)いつかたよりふる□□(文書)
又□(ハ)しちもつのかき□(物)出候共ほんごたるへく候、已上
田中善兵□(衛)殿　参
使ハ　上部半兵衛殿内　すあい孫右衛門尉

○『輯古帖』(三重県編『三重県史　資料編中世1(下)』所収、三重県)に収録する写しの原文書である。虫損部分は、この写しをもとに（　）で補った。

一六、福嶋末緩・同末済連署屋敷売券（竪紙）

永代売渡シ申屋敷之事
在所者前之村若宮殿東也
四至境　東ハ堀共ニ也、南ハ村山殿限屋敷ヲ
　　　　西ハ限道ヲ、北ハ我等限屋敷ヲ
右之屋敷我等代々雖為知行、判金
弐(マヽ)枚六両ニ売渡シ申所実正明白也、
永代其方へ御知行可有者也、若
天下大法徳政・地発候共、於子々孫々
少も相違有間敷者也、此屋敷おゐて
自然何方よりも如何様之申事候共、
我等よりさはき可申候、仍沽券之
証文如件
　　　　　　　　　　　　福嶋新四郎
慶長拾年乙巳五月吉日　　末済（花押）
　　　　　　　　同四郎右衛門尉
　　　　　　　　　　　　末緩（花押）
大主源左衛門尉殿
(付箋)「慶長十」

一七—一、尼ようはん書置（切紙）

(端裏書)「右之畠又一郎殿ノ
ゆつり被申候　」
御福

我等一世ノ後ノ定事

松原ノ畠之内ヲ五升マキ　御福ニ渡可申候、

為其一筆如件

天正十三年乙酉三月廿二日　　尼ようはん（印）

御福　まいる

（奥裏書）「　　（異筆）地蔵院古文章」

一七―二、鳥羽屋内孫太郎畠地売券（切紙）

永代売渡申畠事

西ハ限すし屋ノ畠ヲ

四至　東ハ吉ノ久左衛門殿畠　　在所千田也

南ハ限宮後清衛門殿畠

北ハ限大世古白石屋ノ畠

右件之畠者依急用銀子弐百五拾五匁ニ売渡

申処実正明白也、縦天下大法徳政行候共、於此畠ニ

者別而申合候間、子々孫々ニ至迄違乱煩有間敷候

者也、仍売券之状如件

売主ゑほし世古鳥羽屋之内

慶長拾乙巳年七月廿一日　　孫太郎（印）

又一郎殿　参　　口入者吉之内　孫左衛門尉

（付箋）「慶長十」

○右二通の文書は一紙に裏打ちされている。

一八、福嶋某言上書案（竪紙）

（端裏書）「本書うつし」

乍恐申上覚

一、長衛門と申者我等〔先祖ゟ〕普代之被官にて候、長衛門死去

仕候刻、家財・道具我等~~先祖より~~〔父左京進〕申付改申候事

一、長衛門男子なく候、女子一人もち申候となりニ申候、彼

となり所へ我等被官善七ヲ入むこに申付候、不

居届候間、又嶋や又七ヲ入むこに申付候、是も

不居届候て、又二郎衛門と夫婦ニなり申候、彼~~となり~~〔長衛門〕

大せこニ屋敷一所持申候事となり無正躰付大せこの

屋敷うり可申由聞付、~~大せこ一の木へ~~〔我等親監物三方へ〕我等状を

一八

まわし其外すわい共へも慥ニ相届屋敷かい（長衛門監物ニ取）
（かい候かてん）たるへきと届申候事

一、二郎衛門まえ腹のむすめをとなり子ニして大工源六を
むこニ取候時、我等かたへことハり申候間、誰にても彼
屋敷ヲゆつり（存有之）得候者我等被官たるへき由（と）申、久七
源六他所之者にて候へ共、我等かたへ被官ニ参、十四年
このかた源六ニ申付候我等代々の被官之屋敷ニ候間、
其ぬし他所へゆつり候事一切成間敷候事

右之趣被聞召分候て可被下候

慶長拾年十二月廿日　福嶋

日向半兵衛尉殿様
長野内蔵丞殿様

（付箋）「慶長十」

一九、与村末安屋敷売券（竪紙）

（付箋）「慶長十一」

はしがきおくかきうらかきなし

永代沽渡申屋敷事
合在所者前野村経蔵之内
西東五間　南之西東同五間
四至東者桜真庵藪ヲ限
西者常楽坊屋敷ヲ限
北ニ有道着道　南者堀限着堀
右之屋敷依有急用、判金壱枚ニ
永代沽渡申之処実正明鏡也、自然
天下大法之徳政地起行候共、於此
屋敷者違乱煩有間敷者也、仍為
後日沽券之状如件

売主与村孫作
慶長拾壱年丙午八月廿二日　末安（花押）
使者
檜垣修理進殿　参　七町内五左衛門尉

二〇、祐宥屋敷売券（竪紙）

（端裏付箋）
「慶長十一」
定永代売渡申屋敷［　　］
壱所者　西ハ世古限、　北ハ大道□（限）
東道限　□□（南ハ）［　　］
西ハ三間、西東、
北南三間間中
右此屋敷者我等雖為知行、依有
要用子細銀子六百五拾目、□（永）代
売渡申処実正明鏡也、若天下
一同之徳政地起行候共、於此屋敷
別而申談子細候間、至于子々孫々
聊不可異儀者也、但本文書状失申
候間、若何方従出申候共可為ほうく候
右件（マヽ）

慶長拾壱年丙午九月吉日　祐宥（花押）
二見勘兵衛後家
村山殿御内　村山殿内
又右衛門尉殿　参　使又左衛門

二一、又右衛門尉吉正銀子借用状（竪紙）

借用申銀子之事
合参百目也、利足ハ壱ヶ□□□□（月ニ付壱）わり
三分に定申候、是之はゆり□（銀）［　　］□（処）
実正明白也、此しち物ニ我等居屋敷一円
在所ハ市場面三間ま中也、□（則カ）本文書
相そへ進之候、十ヶ月をかぎり御算用
可申候、自然無沙汰仕候者屋敷を其方へ
めしおかるへく候、其時一儀申間敷候、
仍為後日借状如件

八ヶ市
慶長拾四年己酉十二月吉日　又右衛門尉吉正（花押）
松田孫兵衛殿　参
（付箋）
「慶長十四」

二二、与村末安屋敷売券（竪紙）

はしかきおくかきうらかきなし

永代売渡し申屋敷之事

我等居住一志赤右衛門尉殿ヨリ買得
仕候内也、西東者五間、北南之西之
方者壱丈七寸也、東之方者壱丈也
四至さかい東南者我等之地也、にし者
福嶋殿地、北ハ其方之地類也、右之屋
敷判金壱枚ニ売渡申処実正明
白也、永代其方へ御知行可被成候也、
仍売券証文如件

与村善左衛門
慶長拾五年九月六日　末安（花押）
御きもいり也
大主又六郎殿　参　福嶋吉左衛門殿

（付箋）「慶長十五」

二三―一、辻光信道者売券（切紙）

（端裏付箋）「元和五」

大和之国たべ村我等旦那之儀ニ
出入雖有之、御両所之御きもいり
にて時之礼物ニ銀子壱枚にて永代
其方へ渡シ申候、於子々孫々少も違
乱煩有間敷候、為後日一書如件

辻二郎右衛門
元和五年未九月吉日　光信（花押）
きもゐり
為田兵大夫
福嶋七之丞
大主源左衛門尉殿　まいる

二三―二、某八ヶ市座屋敷一札（切紙）

（端裏付箋）「慶長廿」

八ヶ市座屋敷之事

右之屋敷ハ村山殿内又右衛門所［　　］
しちに取なかし申候、雖然三□軒［　　］
御所望被成候間進上申候、為其又右□□（衛門）［　　］
之文書・同借状相そへ進□（上）［　　］違□□（乱煩カ）
有間敷候、仍為後日如件

慶長廿年壬六月吉日

一見内　孫［　　］

福嶋出雲守様　参

○右二通の文書は一紙に裏打ちされている。

二四、吉沢末信添状（竪紙）

はしかきなし

今度我等之旦那京之藤井九左衛門尉殿所持候
八日市南かわの屋敷ヲ其方へ、銀子壱貫八百
目ニ買徳被成候ニ付、我等添状なく候者御かい
有間敷ニ付、此書物ヲ仕進之候、若何方より
此屋敷ニ付借銭上成百性式いか様之六ヶ
敷儀出来候共、我等罷出さはき可申候、少茂
違乱申間敷候、則九左衛門尉殿本文書同右馬助殿
令相合御買被成候、古券相添被進之候、右之
屋敷四至堺間数ハ地わりニ有、縦天下大法之
徳政・地起行候共、於此屋敷者別而申合筋目
候之条、至子々孫々迄違乱煩有間敷候、仍為後日
添状如件

元和三年丁巳三月吉日

吉沢丹波守

末信（花押）（印）

使

村井助作殿　参　　一志茂左衛門尉殿

○本文書は二五号文書の添状である。

二五、藤井九左衛門尉屋敷売券（竪紙）

永代売渡シ申屋敷之事

在所者八日市南かわ也、四方之間数地わりニ有
東限面ハ治右衛門尉殿、おくハ右馬助殿屋敷ヲ

四至堺　南ハ限大道ヲ、西限面ハ右馬助殿、おくハ
　福嶋殿屋敷ヲ、北ハ限大道ナリ
右件之屋敷者雖為我等久敷知行、依有急用之
子細、銀子壱貫八百匁ニ永代売渡シ申処実正明
白也、右之屋敷ニ借銭百性式上成少しも無之候、自然何方
ゟ如何様之六ヶ敷儀出来候共、我等罷出さはき可申候、
縦天下大法之徳政・地起行候共、於此屋敷者別而
申合筋目候条、至子々孫々ニ迄違乱煩有間敷
者也、則古券共相そへ渡し申候、仍為後日沽券之
証文如件
　　　　　　　　　　　藤井九左衛門尉
　元和三年丁巳三月五日　　　　　忠（花押）
　　　　　　　きもいり
　　　　　　　　吉沢丹波守
　　　　　　　使すわい
　　　　　　　　一志之茂左衛門尉
　村井助作殿　参

二六、福嶋某目安写（継紙）
　　　乍恐申上候条々
一、豊後・肥後両国一円往古より我等数
代相伝之御旦那無紛候、然る所に近年豊
後之国之内はや見・くにさき両郡之内
ところ〳〵へ高向屋御祓くはり申候義
迷惑仕候事
一、先年福嶋跡式を多芸之国司様へ道者
以下まてめし上られ候、其後我等祖父来
田監物御ことハり申上、無相違祖父監物ニ
くたされ候、其砌右両国之御旦那置之可
仕かと存、即監物門に豊後惣国・肥後
惣国之御師と高札を十年あまり
立置申候事山田中に其かくれ無御座候、
かやう時も一言之届無之、今更理不
尽に申され候ハ、いはれさる義ニ御座候事
一、かの両国之御旦那所先規より御参宮

被成、我等代々御宿仕候日記并両郡之
御旦那衆ゟの状共数通所持仕候、高向
屋目安ニ近年福嶋御祓くはり候と申
上候儀相違いたし候事
元和七年　　　　目安写也

二七、松田幸悦畠地売券（竪紙）

（端裏書）「　　　　　しやくし畠
　　　　　文状参通」

（付箋）「元和九」

永代売申候畠之事
有所者しやくし畠納壱石弐斗代也
　西ハ米や宗大夫殿畠限、北ハ福井勘右衛門殿畠限
四至
　東ハ世義寺かうてん坊畠限、南ハそねかきや殿畠限
　但かうてん坊かきや殿畠之間道有
右之畠雖為代々知行依有急用之子細、
判金壱枚弐両ニ永代売渡し申候処実
正明白也、但本文書ハ火事ニやき申候間、何方
ゟ出候共可為ほん古候、於右之畠ニ何方ニも借金
又ハ六ヶ敷一円無之候、自然申来候者我等罷出
相済シ可申候、縦天下大法之徳政・地起行
候共、別而申合候筋目御座候、違乱煩有
間敷候、為後日仍如件
　　　　　　　　　　　　使孫右衛門
元和九（いのとし）年極月吉日　　　松田幸悦（花押）
八日市
　高木七郎右衛門殿　まいる

二八、専益田畠売券写（竪紙）

（端裏付箋）「延宝三」

（印　永代売渡し申田畠之事
合而納麦拾四石、米弐石、但京枡也、右之田畠
我等親よりゆつりうけ数年知行仕、毎年
足代七大夫殿方より納来申候得共、急用之

子細依有之、金子江戸小判百拾両に永代
其方江売渡し申所実正明白也、則本文証
相添可進候得共、取失候間、後日に何方より
如何様之証文出候共可為反古候、自然此田
畠に付何方より違乱申者出来候共、我等
罷出相済し可申候、則此田畠之古き帳相
添進候、仮令天下大法之徳政・地起行候共、
於此田畠に者別而申合候間、子々孫々至迄
違乱有間敷者也、為後日仍沽巻（券）証文
之状如件

専益在判

寛永拾九壬午年二月廿五日　肝煎　森半左衛門
使　藤井市右衛門
同　村田七左衛門

老沼清左衛門尉殿　参

（裏書）「一、表書之通高向村東之入口柿垣外畠
印）納升五石六升五合、外ニ京升四斗也
一、高向領之内まんちよ納升七斗也
一、同所古屋敷之畠納升弐斗八升也
右三口合納升六石四升五合、外ニ
京升四斗
右之三ヶ所之畠売渡シ申所実正明白也、
此沽券可進儀ニ御座候へ共、一紙ニ方々之田畠
書込御座候間、則致写を進候上ハ此方之本書并
何方ゟ沽券之証文出候共可為反古候、則
此書付進候、沽券ニ御用可被成候、為後日
証文如件

売主

延宝三乙卯年十月十七日　老沼清左衛門正春（花押）
（印）
使すわい曽祢
中村加兵衛（印）

福嶋勘左衛門殿　参
」

二九、山本宗広・同清長連署田地売券（竪紙）

（付箋）「正保三」
永代売渡し申田地之事
一、在所者宮出口　口なし谷、京枡伍斗代之所也
四方堺、東山限、西山限、南も山限、北ハ長まち限
右之田者代々我等雖為知行、急用之
子細依有之、金子伍両ニ本文書相添
其方江永代売渡し申事実正明白也、
於此田地ニ借銭・借物一円無之候、若
天下大法之御徳政行候共、於此田地
別而堅申合売渡し申候間、其方江永代
御知行可有候、子々孫々至まて少も
違乱煩申間敷者也、為後日之証状
如件

二又
山本藤右衛門
同　兵三良
宗広（花押）
正保三丙戌年九月吉日
清長（花押）

使たち
山本藤兵衛
八日市
市村五良兵衛殿　まいる

三〇、福嶋四郎右衛門尉等屋敷替地証文（竪紙）

（付箋）「慶安二」
今度郷内市場屋敷にいたし道
ひろけ候ニ付、其方之屋敷申請候、
其替地に郷内之屋敷市場北東之
すミにて坪数合九坪相渡申候、永代
其方可有御知行候、為後日如件

慶安二己丑年霜月吉日

福嶋四郎右衛門尉（花押）
幸福内匠（花押）
幸福松之丞（花押）
坂二郎右衛門尉（花押）

郷内年寄衆中（印）

福嶋数馬殿　参

三一、福嶋数馬屋敷替地請取証文写（竪紙）

（付箋）「慶安二」

今度郷内市場を屋敷ニ被成、道ひろかり候ニ付、
我等持分之屋敷郷内へ相渡し申候、則沽券相添
可進之候へ共、取失無之候間、此書物可為本文書候、
其替地ニ郷内之屋敷市場ニ而北東之すミ坪
数合九坪請取申候、為後日一札如件

福嶋数馬

慶安二己丑年霜月吉日　印判

福嶋四郎右衛門尉殿　名乗判

幸福内匠殿

幸福松之丞殿

坂二郎右衛門尉殿

郷内御年寄衆中

右之趣八月吉日郷内へ書物仕相済し申候ひかへなり

三二、河上味右衛門・同新九郎金子請取証文（竪紙）

（付箋）「延宝三」

旦那様へ妙清預ヶ申金銀請取覚

一、二又与五兵衛妙清隠居分之跡目長吉
相果申候ニ付、新九郎ニ被仰付忝奉存候、御手前様へ
妙清預ヶ置候金小判三両と銀子壱貫四百
九拾七匁五分ハ慥ニ請取出入相済申候処
実正也、御手前様へ妙清取替仕候分ハ、重而
御算用被成可被下候者忝奉存候、為其一
筆如此御座候、以上

河上味右衛門（花押）

慶安三かのえとら年拾月二日　同　新九郎（花押）

福嶋数馬様

三三、河上味右衛門・同武右衛門金子預り証文（竪紙）
（付箋）「慶安四」
旦那様へ　金小判廿壱両妙清
預置被申候事
一、右之内七両いぬノ五月十三日ニ妙清
請取被申候、然而拾四両卯ノ二月四日ニ
請取申し候、二口合廿壱両分也
又銀子ハ慶安三年拾月二日ニ
請取、金子共ニ相済出入無御座候、
為其一筆如此ニ候
河上味右衛門（花押）
慶安四年卯ノ二月四日
同武右衛門（花押）
数馬様　進上
（貼紙）（マヽ）「慶安元年　二六五年」

三四―一、福嶋末吉屋敷替地証文（切紙）
（付箋）（マヽ）「慶安五」
檜垣河内殿より買得之屋敷ト其方
出雲殿よりゆつり之屋敷ト永代地替
仕相渡し候、但屋敷之在所者福嶋七之丞殿
地類也、為後日一筆如件
福嶋数馬（印）
慶安四辛卯年霜月吉日
末吉（花押）
福嶋宜程老　まいる

三四―二、河上忠頼屋敷御扶持一札（切紙）
御内三郎兵衛方ゟ与五兵衛隠居分ニ求候
屋敷ハ外之屋敷也、我等居住之屋敷ハ
御扶持分ニ被下忝奉存候、不及申上候へ共、
御用次第ニ何時成共立除可申候、為後日
一札如件
河上味右衛門
慶安五壬辰年八月吉日
忠頼（花押）

進上福嶋数馬様

○右二通の文書は一紙に裏打ちされている。

三五、大工忠右衛門畠地売券（竪紙）

（付箋）「慶安五」

永代沽渡シ申畠之事

在所者長屋前畠、京枡四斗五升代所也

　　東ハ限大セ口長悦畠ヲ
四至境　西ハ限長屋善兵衛殿畠ヲ
　　南ハ限西原民部殿畠ヲ
　　北ハ限長屋又衛門殿畠ヲ

右之畠ハ我等雖為持分、依有急用之子細
金小判参両壱分ニ其方へ永代売渡シ申処
実正明白也、此畠ニ付借金・上成・百性職其外
相紛敷少も無之候、自然何方ゟ何様之六ヶ敷
義出来候共、我等罷出さはき急度可渡候、本文
書可進候へ共、失取候条何方ゟ出来候共可為反古候、
縦天下大法徳政・地起行候共、於此畠義別而
申合候筋目候条、及申我等義ハ子々孫々迄少違乱
有間敷候、仍為後日沽券証文如件

大工　（印）

慶安五年壬辰拾月吉日　忠右衛門（花押）

岡村彦三郎殿　参　使弥左衛門（略押）

三六、九右衛門後家等連署屋敷御扶持一札（竪紙）

我々居住之屋敷御扶持ニ被下忝奉
存候、不及申上候へ共御用次第ニ何時成とも
立除可申候、為後日一札如件

慶安五壬辰年八月吉日

九右衛門後家（印）
内山仁兵衛（花押）
市村留兵衛
横橋茂右衛門（花押）
市村五郎兵衛

石黒仁左衛門（花押）
河上清左衛門（花押）

進上　福嶋数馬様

三七、福嶋数馬訴状案（継紙）

（付箋）「承応三」

乍恐申上訴状

立花左近様御先祖者我等御旦那豊後国
戸次殿御子孫承届申候間、家老衆江我等
御師職之筋目申上候処ニ法式之旨御聞届被成、
御合点ニ御座候、就夫ニ高向源次郎方ゟ御祓指上
申候由承候間、源次郎親類衆を以数度相断申上候へ共
返事無之ニ付、三方御会合江御訴訟可申上と
右之親類衆へ申遣候へハ、今朝被尋返事被申候
趣ハ源次郎ニ申聞せ候処ニ我等儀此躰ニ罷成
居候間、親類中如何様とも相はからひ返事
仕様ニと申候故、親類中・家来之者相談仕候へ共、
只今之躰ニ而ハ何共返事いたしかたきと被申候間、
無是非御訴訟申上候、立花左近様御師職ニ付
源次郎申分在之事ニ御座候者、御尋被成可被下候、
申分無之儀ニ御座候者、早速相渡し候様ニ
被仰付被下候者辱可奉存候、以上

此方ゟ申上候ハ、乱世之時分ニ御座候故手代なとも
豊後之外迄ハ不得参御無沙汰仕候と申上候得ハ、
左様之儀も可在之候、道雪ハ二男ニ而惣領ハ豊後ニ
被居候、筑前之立花と申所を道雪切取被申候と
御申候間、左候へハ、立花と申御家へ御養子か又ハ御入聟ニ
御越被成候にてハ無御座候哉と乍憚念を入申上候処ニ、
右申ことく手柄を以切取被申候故立花を名字ニ
被仕候、養子ニ而も入聟ニ而も無之候と御申聞せ
被成候、其後伊勢御師作法之儀御尋被成候間、爰
元式目之趣申上候へハ、何れも御聞届被成、左候ハ、
其式目を書付見せ候へと御申候間、式目指上申候、
其後被召寄被仰聞趣ハ、此中之段々不残年寄

共に申聞せ候へハ、左近先祖豊後ゟ出生之儀
又伊勢御師作法之旨何れも慥承届申候、
伊勢へ帰り高向二頭大夫方へ相理り候ハヽ、定而異儀
有間敷と左近様御家老衆御吟味之上ニ而右之
通我等使ニ慥被仰渡候、以上

承応三甲午年十月十日　　福嶋数馬

三八、安田忠兵衛屋敷売券（竪紙）

（付箋）「明暦元」

永代売渡屋敷之事

在所者下八日市場両かわ也

東者幸福右衛門佐殿ト高嶋二良兵衛限屋敷
四芳（マヽ）境　西者幸福右衛門佐殿ト福嶋殿ト限屋敷
南者限大道
北者限大道

右之屋敷我等永々持来り候得共、急用之依有子細
金小判六拾四両ニ永代売渡シ申候処、実正明白也、
自然此屋敷ニ付、何方ゟいか様之六ヶ敷申来り候ハヽ、
我等罷出相済渡シ可申候、若天下大法御徳政・地
起行候共、此義別而申合候条、子々孫々ニ至まて
違乱煩有間敷者也、則右之屋敷之古文書
六通此外何方ゟ出申候共、可為本反候、絵図を
相添渡シ申候、猶此屋敷上成・百性式無御座候、仍
為後日之一筆如件

安田忠兵衛
明暦元乙未年八月十四日　　直（花押）
肝煎銭や利右衛門尉

福嶋数馬殿　まいる

三九、与村末嘉屋敷売券（竪紙）

（付箋）「明暦三」

永代売渡シ申候屋敷之沽券之事

一、四至境　南ハ限福嶋太郎左衛門殿居住之屋敷ヲ
東ハ限同断之屋敷ヲ

北ハ限福嶋四郎右衛門殿ヨリ買得候与村善左衛門屋敷
西ハ限同断之屋敷ヲ

坪数合六坪半四リ七モ八

右之屋敷ハ福嶋四郎右衛門殿ヨリ我等買得候雖屋敷之内ト、急用之子細依有之、金小判七両壱分ト羽書拾五匁六分七リニ永代其方へ売渡シ候事実正明白也、於此屋敷ニ上成・借り物少も無之候、何時成共何方より何様之六ヶ敷義申来候共、我等罷出急度相さはき渡し可申候、縦天下大法之徳政・地起行候共、於此屋敷ニ者別而申合筋目御座候間、一言之異儀有間敷候、此書物ヲ本証文ニ被成、永代其方可為知行候、我等子々孫々に至迄少も遺乱煩有間敷候、仍為後日沽券証文如件

但シうら二絵図有

与村善左衛門（印）

明暦参丁酉年二月吉日

末嘉（花押）

福嶋太郎左衛門殿 参

（裏面）

福嶋四郎右衛門殿ヨリ買申候与村善左衛門屋敷

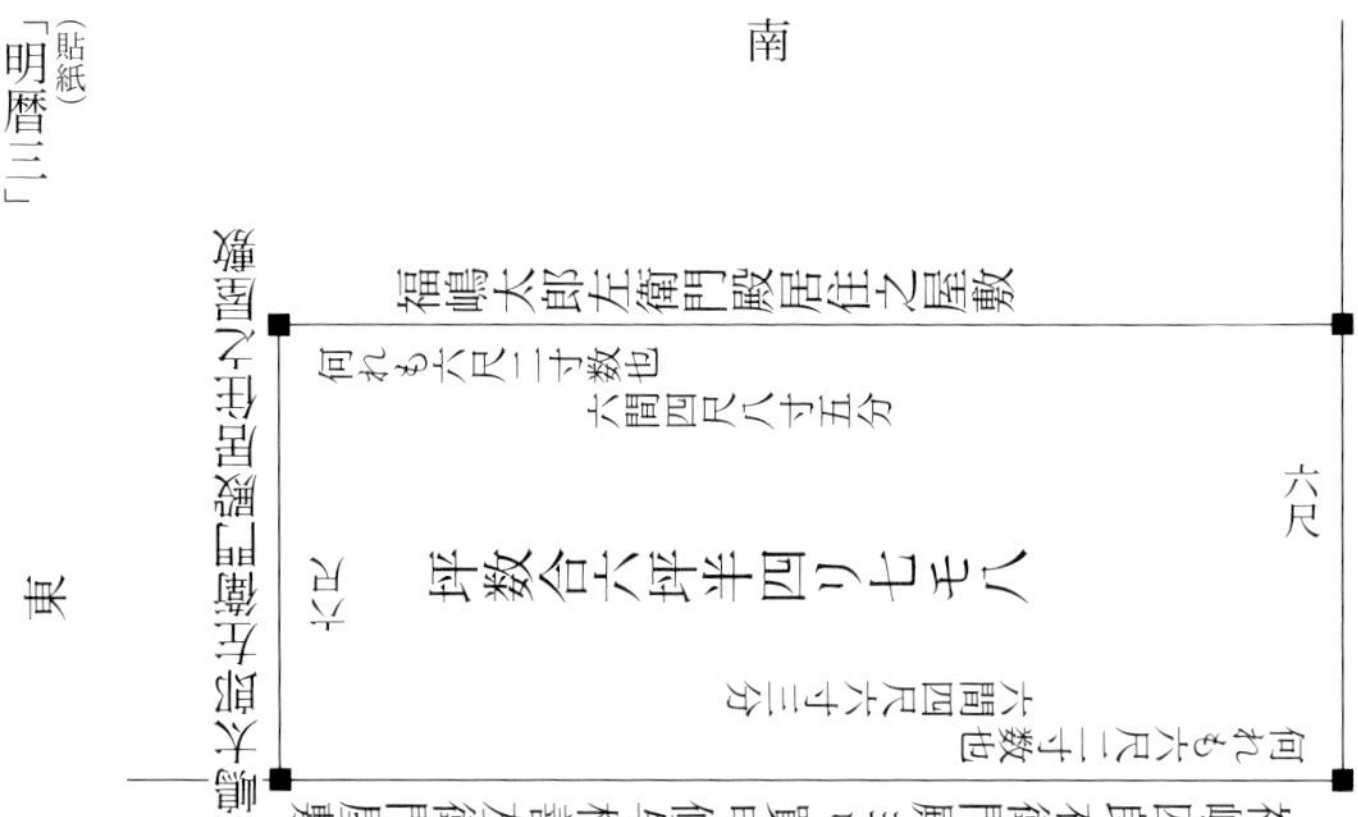

明暦参丁酉年二月吉日

与村善左衛門末嘉（花押）（印）

福嶋太郎左衛門殿 参

（貼紙）「明暦三」

四〇―一、三方院門中金子請取証文（切紙）

（付箋）「明暦四」

覚

一、金小判（印）拾八両、慥ニ請取申候、

為念如斯ニ御座候、已上

三宝院門中

宝永八辛卯四月七日　惣判（印）

福嶋大蔵様

御当番衆

四〇―二、祓屋善三郎・同助十郎御扶持一札（切紙）

（付箋）「宝永八」

此度藤社領之端館御屋敷

御改ニ付、指上申候絵図之通

不相替御扶持ニ被下忝奉存候、

為後日一札如件

祓屋善三郎（花押）

明暦四戊戌年三月吉日　同助十郎（花押）

進上　福嶋数馬頭（マヽ）様

○右二通の文書は一紙に裏打ちされている。

四一、中村甚兵衛聞書（継紙）

（前欠）

我等何分も僉儀いたし敵を取候、左京之助□□□申候と云捨私宅へ被帰候事

一、隼人右之僉議に及ひ敵ハ継母と舎人ニ実正相究り候処、福嶋家元来之家来奥津・二羽・千田屋是等を私宅へ秘ニ招寄申候者、左京之助敵たるハ其許達如何之思召ニ候哉、三人之者申候ハ、我々之分として僉義ハ不及申候、時節を待得る事御座候、隼人申候ハ、我等蒙吟味敵を手ニ入候、各ヲ招キ候ハ、我等一身ニ付本望を可達心底ニ御座候有間敷かし申候得ハ、三人其ニ申候ハ、我等ニも無念ニ候得共力ニ不及時節ヲ窺ひ申義也、幸

之御事其許相伴ひ敵ヲ亡し候ハヽ、後代迄之可為会稽と進テ申、隼人答テ云、各心底不浅候、然ハ堅メ之契約可仕と盃を出し、右件之敵を申語三人共ニ其目宛無相違事ニ候、連判之一通を取申合、三人申候ハ、一先居宅へ罷帰妻子江申聞、暇乞仕度由ニ候、隼人申候ハ、此大事外へ洩シ聞へてハ難義也、本望舎人他出可有ためニ相図之者両人付置候、片時も早く思ひ立事ニ候、兼而支度□着込刀を三人へ渡ス、隼人心底に壱人ニ而も不得心之者有之候おゐてハ、即座ニ切捨可申覚悟究、我家来共ニも其用意申含候事、具ニ至極ニ存思ひ立候

一、于時天正二甲戌年八月廿四日之昼、福嶋家ニ切込、隼人座敷ニ居ける舎人ニ向ひ、其方左京之助敵なりと切掛思ひ之侭ニ仕留メけり、奥津・二羽・千田屋ハ居間に切込、継母と舎人カ子ヲ殺し目出度到来望、皆々帰宅仕事

一、諸親類中立合相談之上、監物・隼人双方江被申候者、此度之一義双方何之遺魂御座有間敷様ニ我等□共も被存候と被申候、隼人申候ハ、此上何之意趣も無御座候と申けれ、監物方も可為同意返事也、親類中被申候ハ、然上ハ福嶋家相続可被致之旨専一と被存候、依之監物一子鍋次郎義家近キ筋目ニ候間、是を養子ニ致候ハヽ、尚可有御座と被申候、隼人承申候ハ、各御立合之上御相談ニ候ハヽ、思召之通何分ニも御相談ニハ洩れ申間敷候と申候得者、親類中も悦ひ監物方へ被申入和談之事

一、監物親類中被申候ハ、此度各御扱之上筋目ヲ以、世倅鍋次郎ヲ福嶋家之名跡ニ致度との御事、尤承知仕候、早速進し可申候、然上ハ隼人へ御申可被下候ハヽ、鍋二郎義末敦殿遺言之通、左京之助同前後見被致、守立家相続可致との事、神文ヲ以認可越之旨可被仰下候事

一、隼人右之趣承尤至極令存候、然ハ此方へも此度世倅鍋二郎を福嶋家名跡遺し候、末敦殿遺言之通、貴殿配分として左京之助同前ニ思召後見被成被下、福嶋家御支配之義聊我等申分無御座候事、神文を以互ニ取替合、目出度鍋二郎を迎ひ致家入事

此時監物方ゟ附越候者、森嶋次郎左衛門、市村伝左衛門、二村文左衛門也

一、隼人ハ西国旦中之一義致かけ候ニ付、又以西国へ罷越候、然処ニ監物悪心を発し隼人カ家屋敷・財宝不残福嶋家へ引取、妻子ハ垣外後ニ小屋を作り、是ニ押入、隣家ニ家来を番ニ付置事、此義監物福嶋家を恣ニせんため之逆心也

一、監物隼人カ家をつふし福嶋家を我侭ニ支配仕ル事、隼人ヲ恐しく思ひ、其頃織田信濃守織田信長公御発広之時節、是へ段々之事を経て御位高を権、監物身を匿事

一、隼人妻之親三村右京方ゟ右家之次第委細飛脚を以申含西国隼人方へ申遣し候事、隼人右之趣聞驚入、夫ゟ本国親類方へ罷越、右之様子悉く申語、此無念を晴し度候哉、各力を相添可給と申候得者、親類委細聞届、監物義ハ如何様ニも可成候得共、妻子ニ別条無之義候ハヽ、可致了簡との異見ニ随ひ、無是非上州佐野ニ居留り発躰して中村順清とて医者を仕罷有候、尤親類ゟ合力を受、年月を送りられけり

一、我等幼少名鍋次郎と云、五歳之時、父別れ母ニ相添ひ年月を送る、有時祖父三村右京手前ニ出入之大工林宗兵衛ニ被申候ハ、其方存知之通、隼人子当年十二才ニ罷成、是を其方弟子ニいたしくれ候ハヽ、嬉しかるへき由と被申候得者、宗兵衛兼而致候義なれハ辞退仕候、右京被申候ハ、福嶋方へ構ひ有間敷様ニ被致候、其方其方（マヽ）福嶋方へ参、隼人子を我等弟子ニ致度存候と申候ハヽ、何之子細有間敷事ニ候、宗兵衛福嶋台所江参、右之趣申候得ハ、其方勝手ニ可仕との事候故、惣兵衛弟子ニ成、甚兵衛ト申候

一、隼人家ハ福嶋家之東也、弐拾余年明家ニ而有之候、大主長左衛門末長之聟也、末長此家を長左衛門ニくれられ候

一、甚兵衛並木町ニ居住仕、父之通路も久々怠り床敷思ひ暮候得共、不時成下列辛苦之業無念たる事追而止事なし、去ル今度上州江下り御親父へ御目にかゝり候而、其許御事咄し参候、堅固御座候との相語ニ候、是幸之時節也と思ひ上州佐野へ思ひ立ち、父之許尋着、早速相伴ひ被帰候事

一、福嶋出雲方へ甚兵衛申参候ハ、親隼人も在方ニ罷有候

処、承迎ひ寄申候、御断申上候、一（マヽ）、出雲家来共へ被
申候ハ、隼人義我等養ひ申事ニ候、隼人被帰候悦ひを
申遣候、其上養ひ之義も可申達と被申使者被越候、其
旨申参候、甚兵衛申候ハ、忝御事ニ御座候、併父隼人
義ハ久々而致対面、殊年罷寄余命も御座有間敷之由、何
卒我等一分ニ養ひ送り申度奉存候、此旨宜可被仰下候
と申遣候事

一、末吉之御代一軒焼之節、長左衛門ニハ替地を遣し其跡
福嶋之地内に成也

万治三庚子年　　中村甚兵衛聞伝之

弘治二丙辰年 中村隼人藤原基満―慶長十八癸丑年十月二日 中村隼人藤原順清―寛文二壬寅年二月八日 中村甚兵衛宗安
中村五兵衛道存―中村五兵衛道清―中村甚兵衛道正

四二―一、奥津九兵衛畠地預り証文（切紙）

預り申畠之事

一、藤社御納所之内納升四斗代畠壱切
福嶋数馬様ゟ私へ御預ヶ被為成忝奉存候、
何時成共御意次第ニ指上ヶ返進
可申上候、仍為後日一札如件

延宝九辛酉年六月五日　　奥津九兵衛（印）

福嶋数馬様
御台所衆中

四二―二、田嶋次郎右衛門・同九郎兵衛金子取替証文（切紙）

其方御用ニ付、金小判拾三両庚戌五月ニ
取替申し候、為質物居住之屋敷御書入被成、
則沽泰（券カ）預り置候処ニ、戌ノ年大火事ニ
焼失仕候、向後何方ゟ証文出申候共可為
反古候、為後日之一札如件

延宝三乙卯年五月廿二日

田嶋次郎右衛門（印）
同九郎兵衛（印）

坂本安右衛門殿 参

○右二通の文書は一紙に裏打ちされている。

四三、坂本吉明屋敷売券（竪紙）

（付箋）
「延宝三」

永代沽渡シ申上ル屋敷之事

在所（印）八八日市前野村東輪

東　南（マヽ）
　　北（鈴山円右衛門殿屋敷限／奥山甚兵衛殿屋敷限）
四至境　西　大道也
　　南　大主源左衛門殿屋敷限
　　北　市村五良兵衛殿屋敷限

右件之屋敷我等親福嶋四郎右衛門殿ゟ買得仕雖為知行、急用之子細依有之、金小判参拾（印）七両ニ絵図証文四通相添、永代売渡シ申上処実正明白也、此屋敷之内南ニ而間口弐間入七間九寸我等親ゟ弟忠兵衛ニ被譲候処ニ、明暦四戊戌年八月十六日ニ金小判拾五両ニ買得仕候儀紛無御座候、惣而右之屋敷ニ付借物・上成・百性式少も無御座候、自然何方より六ヶ敷出来候共、我等罷出急度相捌相渡シ可申上候、縦天下大法之徳政・地起行候共、於此屋敷別而申合筋目御座候条、子々孫々至迄違乱煩有間敷候、仍為後日沽券証文如件

売主
延宝三乙卯年二月廿二日　坂本安右衛門（印）
　　　　　　　　　　　　吉明（花押）
進上　勘左衛門様
　　　　　　　　使　森嶋治兵衛
　　　　　　　　　　吉広（花押）
　　　　　　　　上田七右衛門（印）
　　　　　　　　　　弘直（花押）
　　　　　　　　村井藤右衛門（印）
　　　　　　　　　　末茂（花押）

右之屋敷今度旦那様御買被遊、諸親類共迄何有奉存候、自然何方ゟ向後六ヶ敷申来候共我々茂罷出相捌、急度差上可申候、為其連判如此ニ御座候、以上

四四、松田新右衛門母・同後家金子請取証文（竪紙）

（付箋）「延宝三」

手形之事

一、合金小判弐拾弐両弐分ト拾壱匁五分　宜貞老之金子之由
　内四両ハ新右衛門病中ニ申請候、此外利分加り指引〆
　（印）拾九両弐歩ト八匁弐分五厘之有金也
右之金子者新右衛門家ニ借金御座候ニ付、所領蔵方
中江相断渡し申分散ニ罷成候、宜貞老も其
蔵方一分ニよつて其配当之金子也、此金子ハ
宜貞老死去之後、追善ニ被成可被下之旨御
両人様江宜貞老被申置候由ニ候得共、新右衛門身躰
弥不如意、其上此度病死仕候ニ付、各様御心得
を以、我々へ被遣下忝奉存候、仍為後日如件

松田新右衛門母
清月（印）

延宝六年戊午十二月廿三日　同
後家（印）

証人
杉木作大夫（印）

正堯（花押）

福嶋勘左衛門様
来田監物様

四五―一、妙清金子請取証文（切紙）

一、合金小判廿壱□（両）
　此内小判七両慥請取申上候
正保三ひのへいぬ年五月十三日　妙清（印）
使五郎兵衛
福嶋数馬様　まいる

四五―二、福嶋末吉音物等書付（切紙）

一、米麦・大豆・小豆・みそ・醤油おうへ与
　音物ニ被遣候事無用ニ候、惣而おうへより之
　音物台所之帳面ニ付置可申候事
一、刀・脇指・数寄道具之儀ハ重而譲り可申候
福嶋勘左衛門（印）

延宝六戊午年極月吉日　　　　末吉（花押）

福嶋数馬殿　まいる

○差出人の押印・花押を墨引き抹消する。
○右二通の文書は一紙に裏打ちされている。

四六―一、松田光道金子請取証文（切紙）

（付箋）
「延宝六」

合金子弐両、慥ニ請取申候処、実正
明白也、為後日一札如件

　　　　　　　　　　松田新右衛門（印）
延宝六年十月吉日
　　　　　　　　　　光道（花押）

田中吉兵衛殿
藤田与兵衛殿

四六―二、七兵衛金子預り証文（切紙）

預り申金子之事

合　金子三両　小判也
右之金子預り申所実正
明白也、何時成共御用次第
急度相渡し可申候、為後日
一札如件

延宝八年
申ノ六月八日
　　　組親
帯刀様御内　　　七兵衛（印）
　松村次兵衛殿

○右二通の文書は一紙に裏打ちされている。

四七、市村光久所領指上書付（切紙）

「延宝八」
旦那様ゟ去年私旅前ニ御拝借仕候金子之内、
当年帰宅仕候刻、金子五（印）拾五両差上申候、残テ
金六拾三両指上ケ可申様無御座候ニ付、私所持

仕候所領何々被召上被下候様ニと御訴訟申上候へハ、
御取被成被下、剰不足御座候をも御免し被遊
難有奉存候、則今日居住屋敷・田畠之御券
九通内一通屋敷之絵図并田之絵図一通、祐定之
刀一腰指上申候、右之所領ニ付借物等少も無御座候、
勿論上成等無御座候、仍如件

御内
市村五郎兵衛（印）

延宝八庚申年十月吉日　光久（花押）

拝上
数馬様

四八、上村九右衛門金子紛失一札（竪紙）

（付箋）「貞享三」

去年極月御納戸之金銀并請払之帳面御吟味
之上、金子百三拾九両三歩八匁三分六厘紛失仕候、
然上ハ私儀急度曲事ニ可被仰付候処、御宥免被下
難有奉存候、少分之儀ニ御座候へ共、家財を御算用ニ
立指上ヶ可申之処、御慈悲之故家財御召上不被成、
其上御暇を被下忝奉存候、向後何方ニ而も渡世仕
身上能仕合御座候ハヽ、右之金子身上ニ御掛り御召上ヶ
可被成候、其時一言之異儀申間敷候、又何様之因ニ
有之候共、内宮領江居住仕間敷候、私儀年来
御家之御家風能存候故、都而御家之諸国御旦那
衆へ曽而不参、勿論御旦那衆之状通も参会も
仕間敷候、若右之趣相背候ハヽ、仮令他主を持
居候共、私儀如何様共可被仰付候、為其一札差上申候

上村九右衛門（花押）

貞享三丙寅年三月十八日

福村甚兵衛殿
扇子館三右衛門殿
中村兵右衛門殿

四九、福嶋数馬書置写（竪紙）

（前欠）

人数を少も恨申間敷候、末々ニおよひ
亭主幼少なる時ハ右頼申人数之
銘々此趣を被仰伝、代々御異見之上
後見被成候様ニ御申伝可給候、寄子
衆之中老人・若年・病者を除き、其
時々之仁何れ茂御相談之上相互ニ
無私意、代々ニ人数を御定候様ニ頼置候、
莵角後代ニ至り福嶋家江他より
妨有之時ハ、各御異見被成可給候

貞享四丁卯年二月吉日　　福嶋数馬判

来田監物殿
福嶋七之丞殿
白米市郎右衛門殿
為田孫右衛門殿

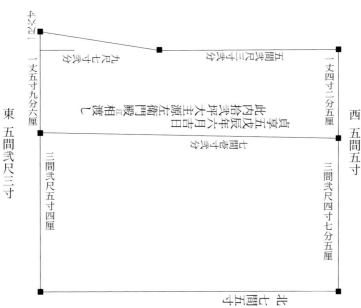

五〇、屋敷絵図（竪紙）

（付箋）
「貞享五
地図」

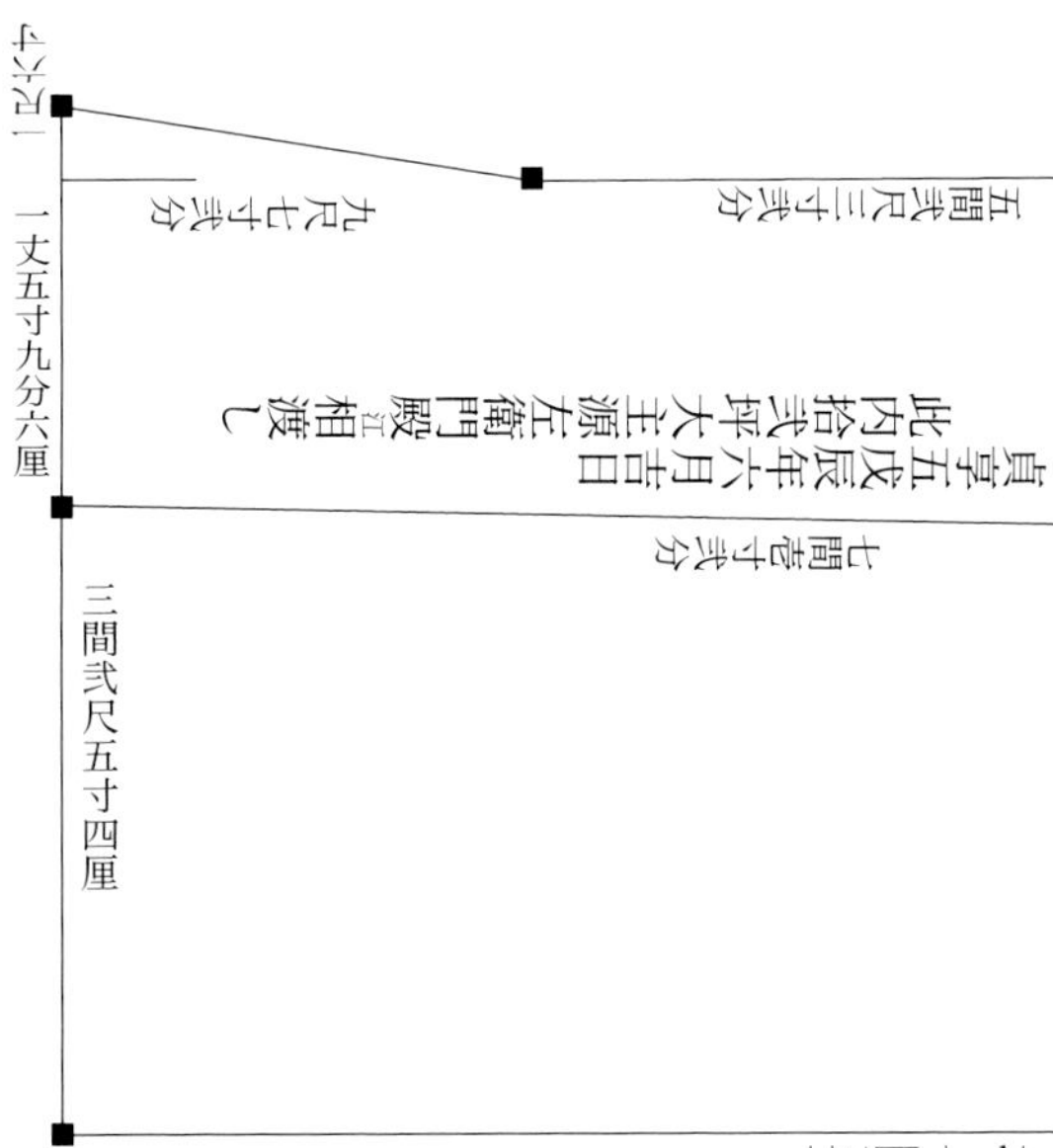

（裏書）
「江戸時代
伊勢文書　室町末期　1200—
首尾完カラザルモノ　十五通
目録三〇一号」

五一、豊後国直入郡大野郡算用目録（竪紙）

直入郡大野郡算用目録
一、銀七貫九百拾三匁九厘　惣御初尾高
此金百三拾五両三歩ト七匁
右之払方へ
一、金四拾両三歩ト六分六厘　伊勢・京・大坂土産之代
一、金弐拾壱両ト三匁五分八厘　京・大坂道中旦那所遣
一、金三両三歩ト拾匁七分　悪銀銭売損
一、金壱両弐歩ト八分　状書日用ちん入用
一、金六両三歩ト九匁　金五拾五両之利足すあひ料共ニ
一、金三両弐歩ト五分　小方二人之入用
一、金三両壱歩ト拾匁六分七厘　銀弐百目伊勢屋屋敷之敷銀払
右七口合、金八拾壱両ト六匁七分九厘
指引銭ヲ金五拾四両三歩ト弐分壱厘、御神徳
一、金六両壱歩ト銀四匁五厘　御供料三百六拾八匁壱分之代
元禄十年丑ノ十月八日　市村五郎兵衛

五二、市平銀子借用証文（竪紙）

（付箋）
「元禄
宝永」
借用仕ル銀子之事
一、銀子八百（印）五拾匁　慥ニ借用仕申候
右者表口三間半入拾五間之家屋鋪
為買調候借用仕申候、則当年之暮ゟ
来ル子ノ暮迄壱ヶ年ニ銀子（印）百七拾匁宛
七ヶ年ニ御納所可仕候、若滞申候ハヽ、
加判手前ゟ年々御納所可仕候、

少茂相違仕間敷候、為後日如
件

古町借主
市平（印）

元禄十五年三月十五日

請人　彦市（印）

同　市兵衛（印）

同　新之丞（印）

同　主殿（印）

布屋
吉左衛門殿

五三、某畠地売券案（竪紙）

永代売渡申畠地之事

別紙ニ絵図有

（貼紙）「壱石六斗」
一、在所者吹上領畠壱ヶ所一本木松原おき
京枡五斗五升

別紙ニ絵図有

一、在所者櫟ノ木領畠壱ヶ所追坂正言寺敷下

四至境　東　南　西限道を　北

京枡三斗

一、在所者同領畠壱ヶ所○~~追坂高木~~
（~~之内分曲~~）越坂之内分田高木

四至境　東　南　西　北

（貼紙）「京枡八斗」
京枡壱石六斗

四至境　東　南　西　北

別紙絵図有

一、在所者同領畠壱ヶ所追坂之内高木

（後欠）

（付箋）「元禄十六」

五四、福嶋家相続一札（竪紙）

（付箋）「元禄十六」

奉差上一札

福嶋家之儀、兄河内只今者藤左衛門与申候、相続
難仕旨三年以前
御　公儀様江御願申上、拙者江相続被　仰付
難有奉存候、其後藤左衛門世忰金七出生仕候故、
拙者手前ニ而養育仕候処、拙者若輩ニ而養育
無覚束存候由藤左衛門申候ニ付、扇館三右衛門手前ニ而
金七生達申候様ニ被　仰付候、金七儀成人
次第手前江引取養子ニ仕、福嶋家相続致
させ候様ニとの御意之趣奉畏候、且又拙者妻女ニ
実子出生仕候ハヽ、身代相応ニ所領をわけ有付
可申旨奉得其意難有奉存候、右金七儀手前江
よひ取候節者三方会合江と相談指図を請
金七ため可然様ニ可仕候、尤向後拙者儀御意
之趣相守行跡宜可仕候、抱置候女之儀縁ニ付
申様ニ成共、又者親本江帰し候様ニ成共、女之以

（後欠）

○継目印二顆あり。

五五、村井菊右衛門一札（竪紙）

（付箋）「宝永六」

一札

福嶋式部殿江去年未正月ゟ申ノ八月迄、薪売掛
代金三拾六両壱分滞有之、相済不申候故、此度我等
可及　御訴訟之処、三方御会合ゟ八日市場・中嶋
両町取扱相済シ申様ニと被仰渡候ニ付、当金拾弐両壱分
請取、残金弐拾四両を来酉十一月晦日・戌十一月晦日・
亥十一月晦日・子十一月晦日、右四度ニ金子六両宛都合
金三拾六両壱分請取、皆済有之様ニ両町御年寄中
御異見被成忝御請申候、然上者右御扱之通少も
違背仕間敷候、為後日一札仍如件

宝永元甲申年十一月十八日

中嶋　村井菊右衛門（印）

八日市場御年寄衆中
中嶋町御年寄衆中

○印章は後掲の五八号文書と同印である。

五六、福嶋式部等申合一札（継紙）

申合一札之事

一、我等家之儀相立候様ニ致くれ、其上我等江
身を捨無二念、忠をはけミ令満足候、
依之其方家之儀無如在致くれ可申候、
代官ニ申付候か、又ハ養料ニ而も其方望
次第女房・子とも目を掛ヶくれ可申候、尤
喜右衛門・新八江茂此上無二念、万端相談可
有之候、諸事之為褒美為後日仍一札如件

宝永二乙酉年九月吉日　福嶋式部（印）
井田喜右衛門（印）
同　新八（印）

中野七左衛門殿

○継目印二顆あり。

五七、某金子預り証文（竪紙）
（付箋）「宝永二」

一札

一、金七百弐拾両申ノ年七月三日預り手形
弐通相渡し置候所実正也、右之金子如
申合候通済可申候処、手前高借金ニ而何共
不罷成候故及延引候、依之今度惣蔵方
中へ侘申候ニ付、其元へも同前ニ相詫申候処
就不同心ニ会合之依御異見承引仕候、
然上者左之通之申合、聊相違申間敷候、
右之申年七月三日之預り手形弐通共に
裏書いたし、此手形ニ相添其方へ相渡し
置申候、金子皆済之時右之手形此方へ
請取可申候、此七百弐拾両之金子之引残り
一、金六百六拾両慥ニ預り申所実正也

内

金三拾両　戌とし相渡し可申候
金弐百両　寅とし相渡し可申候

金百両　　卯とし相渡し可申候

（後欠）

五八、村井権右衛門金子請取証文（切紙）

請取申金子之事

合金拾両也

右ハ福嶋式部様へ買掛ノ金拾八両之内、慥ニ
請取申候、残金八両ハ来丑ノ三月中ニ
請取可申候、若遅々有之候ハヽ、其方ゟ之指引
致算用請取可申候、為後日仍如件

中嶋薪や

宝永五戊子年二月十三日　　村井権右衛門（印）

岡村善兵衛殿

○印章は前掲の五五号文書と同印である。

五九、福嶋金七口上写（継紙）

申上口上

此出入会合迄も不申入、下ニ而相済、手間ニ取申候事

一、福嶋采女屋敷我等屋敷際目木当八月
相改可申と申合、采女家来清兵衛且又我等
家来藤兵衛并大工庄八出合、屋敷吟味仕候処ニ
采女座敷我等屋敷江南ニ而壱尺弐寸北ニ而
八寸入込申候ニ付、右之旨度々断申候得とも一
向貪着無之御事

一、其後又為念采女方ト申合家来忠左衛門并
大工左兵衛、我等方ゟ清兵衛・利左衛門并大工庄八、
右何れ茂出合弥吟味とけ候所、右ニ相違無之
故采女方ゟ忠左衛門を以何之訳茂なく只
了簡いたしくれ候様ニと計申来候御事

一、我等未幼少故親類共相賄ひ候ニ付為以来
少之年貢出し、其趣一筆ニ被致候様ニと申遣候得ハ、
家来忠左衛門を以被申候ハ、余方江之聞江茂如何ニ
候間、乍少々年貢之儀ハ了簡被下一筆計
可仕と申来候得共、難請負ニ付、段々相断

候得ハ、采女方ゟ忠左衛門を以右之訳尤ニ候、
左候得ハ、我等屋敷江采女方之座敷出はり候
分来二月切払可申之間、それ迄相待くれ候
様ニとの事ニ付、然者それ迄一筆認遣し候様ニ
申遣候得ハ、一筆茂得仕間敷との返事ニ付
難儀仕候御事

右之趣御聞届被下候ハ、可忝候、以上

福嶋金七

宝永六己丑年十一月

御会合御衆中様

六〇、福嶋金七等金子預り証文（竪紙）

預申金子之事

一、金小判百五拾両、慥ニ預り申所実正也、何時ニ而茂
其方入用次第急度相渡シ可申筈ニ仕置候得共、
式部代不勝手ニ付、五年以前酉ノ年侘言申入候処、
不同心之旨御返事故、三方御会合江御願申
其方江異見有之、依之預承引ニ去ル子ノ年
右百五拾両之内七拾五両相渡シ、残ル七拾五両ハ
来ル午之年ニ相渡シ申筈ニ証文致置候処、戌之年
類焼仕手前及難儀ニ今年迄延引仕候、此度
段々御断申入候而、来ル卯ノ十二月より初年ニ仕
証文之通七拾五両相渡シ、残ル七拾五両ハ酉ノ十二月
中ニ無如在相渡シ可申候、為後日此度改手形如件

福嶋金七□

宝永六己丑年十二月二日

徳田利左衛門□
市村清兵衛□
中森半左衛門□

八熊長右衛門殿

右之金子相済申候迄ハ十二ヶ月壱廻りニ付為礼金
百両ニ付三両宛相渡し可申候、以上

○差出人四名の押印は切除されている。

六一、福嶋金七等金子預り証文（竪紙）

預り申金子之事

一、金小判百拾両、慥ニ預り申所実正也、何時ニ而茂
其方入用次第急度相渡シ可申筈ニ仕置候得共、
式部代不勝手ニ付、五年以前酉ノ年佗言申入候処、
不同心之旨御返事故、三方御会合江御願申
其方江異見有之、依之預承引ニ去ル卯ノ年
右百拾両之内五拾五両相渡シ、残ル五拾五両ハ来ル申ノ
年ニ相渡シ申筈ニ証文致置候処、戌之年類焼仕
手前及難儀ニ今年迄延引仕候、此度段々
御断申入候而、来ル午ノ十二月より初年ニ仕証文之通
五拾五両相渡シ、残ル五拾五両ハ亥ノ十二月中ニ無如在
相渡シ可申候、為後日此度改手形如件

福嶋金七□

宝永六己丑年十二月二日

徳田利左衛門□

市村清兵衛□

中森半左衛門□

八熊長右衛門殿

右之金子相済申候迄ハ十二ヶ月壱廻りニ付為礼金
百両ニ付三両宛相渡し可申候、以上

○差出人四名の押印は切除されている。

六二、福嶋大蔵等金子預り証文写（竪紙）

預り申金子之事

金小判弐百両、慥預り申処実正也、何時
ニ而茂其方入用次第急度相渡可申筈ニ仕
置キ候得共、式部代不勝手ニ付、六年以前酉
之年佗言申入候処預承引、去亥ノ年
右弐百両之内百両相渡、残百両ハ来ル巳
之年相渡申筈証文致置候処、戌ノ年
類焼仕、手前及難儀延引仕候義、御断
申入候而、当寅十二月金子百両相渡申候、
残百両ハ来ル申ノ年十二月中無如在
相渡可申候、為後日此度改手形仍如件

福嶋大蔵印

宝永七庚寅年十二月廿五日

市村清兵衛印

徳田利左衛門
横橋茂右衛門印

西村長助殿

右残金百両相済し申候迄預金として一ヶ年ニ
金二両宛相渡し可申候、以上

六三、大竹庄右衛門・神尾与八右衛門金子請取証文（竪紙）

（端裏書）「寅始」
（付箋）「宝永七」

覚

一、金九拾六両壱歩
右者金六百六拾両、但三歩半之割
両替歩金也、酉ノ十二月ゟ丑ノ十二月迄
五十ヶ月也
一、金弐歩ト壱匁六分、此度相渡申候
二口〆金九拾六両三歩ト壱匁六分也
此歩金三両ト拾四匁四分
寅ノ正月ゟ四月迄十二ヶ月之割
両替歩金
合金百両也
右者福嶋式部殿江両替市郎右衛門ゟ金子
六百六拾両預有之、橋村図書三歩半之
利足増金四年分相渡シ置候ニ付、此度
右之金子慥受取申候、為念如此御座候、已上

宝永七庚寅年四月廿九日　大竹庄右衛門（印）
神尾与五右衛門（印）

市村清兵衛殿
徳田利左衛門殿

六四、いせや四郎兵衛・同庄之丞銀子請取証文（竪紙）

（付箋）「正徳二」

覚

一、今度御願申上候意趣ハ、私者

家屋敷当所にてハ銀弐貫ゟ五百目ニも
遣被申候へとも、拙者事ハ前々より
御塩焼太夫様御免請申儀ニ
御座候、それニ付右之家屋敷
弐貫目ニ仕候ハヽ、上申御入ニて御座候、
願叶申候ハヽ、随分精を出し銀子
返弁可仕候、若仕合悪敷候ハヽ、
ねん／＼銀子少つヽ御出し被成、
拙者家屋敷御究可被下候、
かつ又此度銀五拾目御心付にあ
つかり忝奉存候、為御礼如此ニ御
座候

正徳二年八月廿三日　いせや　四郎兵衛（花押）
同　庄之丞（花押）

竹田平左衛門様

六五—一、中村宗右衛門金子請取証文（切紙）

（付箋）「正徳三」
一、御遺物之金子之内、巳閏正月ニ
金五両（印）私用事御座候ニ付、御断
上申被下、慥ニ請取申候、以上
元禄己巳二年閏正月廿一日　中村宗右衛門（印）
扇館三右衛門殿

六五—二、中村善右衛門金子請取証文（切紙）

（付箋）「元禄二」
覚
一、金五拾五両
右ハ元百拾両之内、辰年分慥受取
申候所実正明白也、皆済之時分此手形
を以、指引可仕候、為後日仍一札如件
正徳三癸巳年七月九日　中村善右衛門（印）
福嶋左近殿

○右二通の文書は一紙に裏打ちされている。

六六、福嶋末誠銀子預り証文（竪紙）

一、京都貞之丞殿ゟ預り申候銀子之
儀に常之預り金とは違ひ、貞之丞殿
有付被申候節者、急度返弁可申与
申合候筋目茂有之候得者、御入用
之節に無遅々可被差出候、為其
別紙ニ申置候、以上

福嶋兵庫（印）

正徳四丙申年七月七日

末誠（花押）

福嶋要人殿

親類中・寄子中・家来中へも右之旨

（後欠）

六七、上田忠左衛門・中森利右衛門一札（竪紙）

（付箋）
「正徳五」

一札

其方より徳田理左衛門江申分有之、今度
御公儀様江御訴訟可被申上旨、三方御会合江
被申出、主人福嶋左近義も御目安へ被書載
御返答も入申事ニ候得共、此節左近病気ニ而
御公儀様江被罷出申候儀難成、右之出入取扱ニ而
相済候様ニと御会合より町内御年寄中へ
被仰渡、御町内より御扱之趣、左近方ゟ当分金
卅両被申請、其上当年より廿年之間壱ヶ年ニ
金拾五両つゝ扶持方ニ被申請、則家来ニ被致候、
然上ハ右廿年之間其方家へ扶持方金年々
急度可被相渡候、若滞義有之候ハヽ、我等肝煎
埒明申様ニ可仕候、為後日仍一札如件

福嶋左近家来

正徳五乙未年三月廿二日

上田忠左衛門（印）

同

中森利右衛門（印）

山口久右衛門殿

（裏書）
「表書之儀付、享保三戊戌年六月廿七日

黒川丹波守様へ久右衛門及御訴訟候、双方
被召出申候者、両年滞金弐拾両当金
くれ候而済弁取返し申候様被仰付、
則金子弐拾両町内へ相渡し
此手形取返し申候者也
戌六月廿八日　」

○差出人の押印を墨引き抹消する。

六八、吉沢源左衛門訴状写（継紙）

（前欠）
御祓ハ入申間敷候、右之替りに遣シ候
御旦那所ハ無之由、頓着もなく被申候
段余りなる義ニ御座候、一町之内と申
常之懇意之儀ニ御座候へハ、何とそ内証
ニ而無事仕度存候へ共、此方之存寄とハ
格別ニ奉存候、乍憚師職者相互之
義ニ御座候所、大切之御旦那へ十年
以来御祓を被入、猶又此上拙者之難義
御聞入も無之候、兵庫殿御義ハ方々
数多之御旦那所ニ候へハ、右替り之
御旦那所へ少し之所有之ましきとハ
不被存候、然共不同心之事ニ候故、左候ハヽ、
証文致し給候様ニと草案差遣
候処、是迄之義兵庫殿にハ御存知
無之、家来不調法にて御祓入来候由
此方之草案江添削致し参候、
数年御大身之御方へ御祓差上
文通をも被致、今更家来之不調法
に候と紛敷被申様、乍憚難心得奉存候、
右之趣被為聞召分、福嶋兵庫殿
被召出被為仰付被下候様ニ奉願候、以上

八日市場町
享保元丙申年八月廿八日　吉沢源左衛門
（印）
三方御会合衆中様

六九、岡村善兵衛口上写（継紙）

乍恐奉申上口状

一、八日市場町岡村善兵衛奉申上候、私儀
福嶋兵庫御旦那所肥後国八代之
手代ニ申付相勤候処、十年以前主人
式部代ニ八代之御城主長岡帯刀様
御家老山本源太左衛門殿と申御方
御頼被成候ハ、帯刀様御義吉沢大夫御祓
御頂戴被成候所○御座候ニ付、御塩焼大夫
御祓御頂戴被成御座候旨被仰候得共、山田
御師職法式之訳を申上御請不中候へハ、
源太左衛門殿被仰候ハ、当分御塩焼大夫
方之御祓可差上候迚、吉沢大夫方之
御祓御頂戴不被成儀ニ而ハ無之候旨
被仰候故帰宅仕候、已後吉沢大夫殿へ
御意之旨を相断、若承引ニも御座候ハ
重而御祓可奉差上旨申上罷帰、源左衛門江
右之首尾委細申入候所不同心ニ御座候故
源太左衛門殿へ其訳申上候、源太左衛門殿被仰候ハ、
山田師職古法之儀ハ各別之儀ニ候得共
旦那立願ニ付其方御祓差上候義
吉沢大夫方之少も障りに成申儀ニ而
無之候間、御祓差上候様ニ強而被仰候ニ付
無是非御祓差上申候、其後源左衛門殿
御家来辻半右衛門八代江参候節、源太左衛門殿
ゟ右之訳御断之御状御認被成、半右衛門へ
被仰聞弥御祓差上候得と御意ニ候故
去年迄御祓差上候、毛頭私才覚を以
御祓差上候儀ニ而無御座候、殊ニ源太左衛門殿
義ハ源左衛門殿御相伝之御旦那之儀ニ
御座候間、右之訳源太左衛門殿へ御尋ニ
被為遣被為下候様ニ乍恐奉願候、以上
（貼紙）「源太左衛門殿ニ被遣別条」
八日市場町

享保元丙申年九月九日　岡村善兵衛

進上

三方御会合御衆中様　写（マヽ）

写（マヽ）

七〇、市村長右衛門等一札（竪紙）

一札

其方ゟ金七方江材木薪代之売掛残り金
三拾九両三歩ト壱匁四分壱厘有之候ニ付、七年
以前、寅年年賦ニ被致了簡、段々相済候処、
四年以前、巳ノ年之年賦金残り金三両壱歩ト
壱匁四分壱り有之候故、此度　御訴訟可申上与
被申出候ニ付、右之金相侘預了簡、当分金壱両
八匁相渡し、残金ハ来三月中相済筈ニ申合候条
相違仕間敷候、為申合一札如件

福嶋兵庫内

享保元丙申年十月二日　市村長右衛門(印)

同　横橋茂右衛門(印)

同　市村忠兵衛（印）

材木屋庄右衛門殿

（裏書）
「右表書之金子弐両ト九匁四分一り、慥ニ請取
相済無出入御座候、以上

永田庄右衛門

酉ノ四月廿日　使成子半左衛門（印）

右本書手形重而出シ候共反古ニ而御座候
為後日如此ニ候、以上　使半左衛門」

七一—一、横橋茂右衛門金子借用証文（切紙）

覚

一、金小判(印)(印)拾弐両、旅拵ニ拝借仕候処
実正也、帰宅次第急度差上可申候

為其如此御座候、以上

享保元丙申年十月廿六日　　横橋茂右衛門（印）

御台所

（付箋）「享保元」

七一―二、三方院年預常楽坊金子請取証文（竪紙）

一札

一、金三両、廿両之利金也

右者巳年ゟ今年迄五年分ニ

慥ニ請取申候、為念如斯ニ御座候、已上

三宝院門中

享保二酉極月七日　　年預常楽坊（印）

福嶋兵庫様

御当番衆

（付箋）「享保二」

○右二通の文書は一紙に裏打ちされている。

七二、福嶋兵庫等一札（竪紙）

一札

先年貴殿ゟ預り置候金子五拾両之内、金弐拾五両ハ

（印）

去々年未ノ年相渡し申筈、又金弐拾五両ハ当暮ニ

相渡し申筈ニ申合置候処、金子才覚難成候ニ付、右

二口共ニ三年宛相延し御請取被下候様ニと、此度詫申候処

預承引忝存候、然上ハ未ノ年廻り金弐拾五両ハ来ル戌ノ

極月中、又当酉ノ年廻り金弐拾五両ハ来ル子之

極月両年ニ無相違、急度返済可申候、勿論年

三歩之礼金年々無滞相渡し可申候、為後日一札

仍如件

享保二丁酉年二月廿九日　　福嶋兵庫（印）

横橋茂右衛門（印）

市村長右衛門（印）

向河崎一色屋

喜右衛門殿

右之金子先年式部代不勝手ニ御座候故御断申、年一割之

利足を三歩ニ御了簡ニ預り、三方御会合御異見ニ付、丑之
年半金相渡し、残り半金午之年相渡候筈ニ御座候へ共、
又々相延し申候、此度相改戌之年半金、残り半金
子ノ年半金、以上五拾両急度相渡し可申候、為後日
仍一札如件

福嶋兵庫（印）

享保二丁酉年二月廿九日　横橋茂右衛門（印）

市村長右衛門（印）

向河崎一色屋

喜右衛門殿

七三、福嶋兵庫等一札写（竪紙）

一札

先年貴殿ゟ預り置候金子出方半金
相渡シ、残金百両ハ去申極月中相渡シ申
筈ニ申合置候処、金子才覚難成候故、三年
延シ候而御請取被下候様ニ此度侘仕候所、預
御承引忝存候、然ル上ハ右之金子来ル亥
ノ極月中、急度返済可申候、勿論三歩之
礼金年々無滞相渡し可申候、為後日
仍一札如件

福嶋兵庫印

享保二丁酉年二月廿九日　市村長右衛門印

横橋茂右衛門印

丹羽与三兵衛印

西村長助殿

七四—一、吉沢源左衛門覚（切紙）

覚

一、肥後八代熊本御道者之代金、先月弐拾両
受取、残金拾八両弐歩只今請取、此度
迄ニ不残代金請取無出入相済申候
為其如此ニ御座候、以上

享保三年三月廿七日　吉沢源左衛門（印）

福嶋兵庫殿

七四―二、吉沢源左衛門覚（切紙）

覚

金三拾八両弐歩之内金拾九両（印）（印）壱歩
当分請取、残ル金子来四月廿日切ニ
請取申筈ニ申合候、為其如此候、以上
享保二年酉ノ三月五日　吉沢源左衛門（印）
福嶋兵庫殿　参

○右二通の文書は一紙に裏打ちされている。

七五、中村八郎兵衛屋敷請状（竪紙）

屋敷請状之事

一、下八日市場裏七つ町ニ而御扣へ之
屋敷表口四間、裏行三間弐尺之
所、此度我等借用仕候、年具（貢）之儀
壱ヶ年ニ羽書百五匁三厘宛、毎年
極月廿日限り候、急度相済シ可申候、
相滞候ハヽ、請人方ゟ相済シ可申候、
尤御屋敷御用之節、何時ニ而も明渡シ
可申候、為後日仍一札如件
享保二丁酉年七月吉日　借り主　中村八郎兵衛（印）
請人　中村利兵衛（印）
福嶋兵庫殿
御番所

（付箋）「享保二」

七六、中森理右衛門一札（竪紙）

一札

私儀近年以御取立、豊後国玖珠日田へ被
差被下候所、此度罷帰候而御運上金六両弐歩

御借銀三百七匁不納仕候ニ付、為其代去秋
被仰付候御式法之通、居住之家差上申候、
早速引退可申儀ニ御座候へ共、病気故延引
仕罷在候、然所此度以御慈悲右之家
被下置難有仕合奉存候、以上

享保二丁酉年八月五日　　中森理右衛門（印）
親類　吉村加右衛門（印）

御当番
市村長右衛門殿

（付箋）「享保二」

七七、橋村備中金子請取証文（竪紙）

請取申金子之事
一、金参両弐歩（印）（印）
右者年賦金高弐百拾八両ト三匁弐分之処、
拾三年以前、酉ノ年より当年迄、年々
請取申、残金慥ニ請取、則辻市郎右衛門方へ
相渡し、無出入相済申候、為其如此ニ候、以上

享保二丁酉年極月廿四日　　橋村備中（印）
福嶋兵庫殿

七八、常楽坊裔恵口上写（竪紙）

奉申上口上
今度八日市場町地蔵院奉願上候地蔵堂
之儀ニ付、三宝院境内江先年地蔵院
引移申候様子、此度御吟味被為　仰出候、
境内江引移申候節、支配人福嶋勘左衛門へ
御願申上候者三宝院門中之壱ヶ寺ニ御座候
ニ付、御願申上候処、従　御公儀様被為
聞召届只今之所江借地仕候義紛無御
座候、此度地蔵堂土蔵作りニ御願奉申
上候義も門中同心仕候
右之趣相違無御座候、以上

享保十二丁未年十一月廿六日

三宝院当年預
常楽坊
裔恵印

三方御会合御衆中

七九、福嶋勘左衛門金子預り証文（竪紙）

（付箋）「元文二」

預り申金子之事

一、古金五両也

右之金子預申処実正明白也、其方入用之節急度相済可申候、仍一札如件

元文二丁巳年八月廿三日

福嶋勘左衛門（印）

市村五郎兵衛殿

八〇、福嶋勘左衛門請合証文（竪紙）

一札

一、金拾四両壱歩・三匁八分五厘五毛、右之金子福嶋勘左衛門御裁判年賦金相滞候ニ付、此度御会合迄御願被成候段尤ニ存候、当分勘左衛門方金子不調ニ付、永田加右衛門を以達而断申入了簡給候所、年賦相定之一ヶ年分、来申三月廿日限りニ急度相渡シ可申候、若其節勘左衛門方金子不調候共、我等請人ニ相立候得ハ、右定之通我等方ゟ急度相渡シ可申候、依之御会合ゟ申下候上者、少茂相違申間敷候、為其請合証文仍而如件

元文四己未年十月廿八日

福嶋勘左衛門（印）

請人
谷主殿（印）

証人
永田加右衛門（印）

肴や
　　八郎治殿

（付箋）「元文四」

八一、小西大和手形一札（竪紙）

　手形之事　　返済也

等観寺ゟ御町内へ御預り之金子之内、
（印）（印）
拾両預り申所実正也、右之質物ニ下
八日市場南側屋敷壱表書入申候、利足ハ
年一割ニ御定ニ而候、来卯ノ極月元利共ニ
急度返納可仕候、若滞義御座候ハヽ、
右之質物御売払可被成候、其時一言之
異儀申間鋪候、為其一札如件

　延享三丙寅年十二月廿日　　小西大和（印）

八日市場町
　御年寄衆中

八二、地蔵院忍了年貢覚（竪紙）

一、拙僧入院之節、出家請久留威勝寺、俗請之儀者
小川町木元松右衛門請合ニ而御座候
一、旧地経蔵屋鋪借地仕候、百性拾壱人年貢納申候
金高百三拾六匁六厘
右坪数
一、寺領田年貢
米高三石四斗　　田地在所
　鹿海村　幸田村　黒瀬村
右三ヶ所ニ御座候
一、畠年貢
麦弐石五斗　　畠在所
湯之口　長屋村　高向村
右三ヶ所ニ御座候
　毎年何茂不残地蔵院江納所仕候、右之通
相違無御座候、以上
　　地蔵院

寛延二巳年四月　　　　忍了（印）

福嶋要人殿

（付箋）「寛延二」

八三、地蔵院忍了一札（竪紙）

一札

一、貴殿御支配三宝院門中地蔵院住職之
忍了と申出家、真言宗ニ而生国者当国
田丸領度会郡東原ニ而慥成僧ニ而御座候ニ付、
此度地蔵院江入院之儀願申処、則忍了ニ
御預ヶ被下忝存候、依之我々請人立申処
実正ニ御座候
一、忍了儀三宝院寺役并門中之作法、先
規之通無滞急度相勤可申候
一、貴殿ゟ地蔵院江御附置被成候田畑・屋敷之
所領并本尊・什物・諸道具、委細帳面之通
慥ニ預り、則別紙之通上置申候、然上者毛頭紛失
為致間敷候、御寺諸道具致破損候ハヽ、
御相談之上修覆可奉願候
一、忍了事、寺役之儀者不及申、不行跡之族
又者胡乱成者之宿并取次預り物等一切
為致申間鋪候
一、地蔵院之儀者弟子譲り之寺ニ而者無御座候、
貴殿御支配之趣被仰渡奉得其意候、此度
忍了住職之儀奉願候処、早速願之通被仰付
忝奉存候、曾以弟子譲りニ而者無御座候、諸旦方ゟ
祠堂金其外何ニ而茂寄進物有之候ハヽ、早速御断
申入御指図次第預り帳面記可申候
右ヶ条逐一承知仕奉得其意候、万一不行跡有之候ハヽ、
早速退院可被仰渡候、其時異義申間敷候、尤預り申候
所領并諸道具帳面之通改相渡可申候、若又忍了
義ニ付外様ゟ如何様之六ヶ敷義出来候共我々相唀
埒明ヶ貴殿江御苦労掛申間敷候、仍為後日一札如件

地蔵院住持
寛延二巳年四月　　　　忍了（印）

僧請　威勝寺

覚恕（印）

（後欠）

（付箋）「寛延二」

八四、紅屋松兵衛金子借用証文（竪紙）

一札

一、金弐両也

右者来午之春　御参宮人衆諸事
仕入方ニ附拝借仕難有次第ニ奉存候、
来午之三月御返納可仕候、為後日
奉差上一札如件

天明五乙巳十二月十四日　紅屋松兵衛（印）

丸屋伊右衛門（印）

盈

永田清記殿

吉田丹下殿

辻田専右衛門殿

（付箋）「天明五」

八五—一、福嶋豊後金子預り証文（竪紙）

覚

一、金弐両也

右要用ニ付慥預り候也

天明六丙午年極月　豊後（印）

永田清記

吉田丹下

八五—二、福嶋為之助むめ金子請取証文（切紙）

きん八まいふんニ小はん六十四両
うけとり申候、使与五ひやうへ
くわんねん（マヽ）　四月廿日　ふくしま
三ねん　為之助

むめ（印）

ふくしま

かん左衛門さま

まいる　こ左衛門さま

（付箋）
「寛延三」（マヽ）

○右二通の文書は一紙に裏打ちされている。

八六、西田喜大夫等金子借用証文（竪紙）

（端裏書）
「丁未年

五拾弐両壱歩五匁之古証文也」

預り申金子之事

一、金五拾弐両壱分・羽書五匁也（印）

右者山田御役所

御公儀金之内、預り申所実正也、来ル申之

二月限無相違、急度相渡し可申候、

為後日仍而手形如件

預り主八日市場町

市村五郎兵衛改

天明七丁未年十月　西田喜大夫（印）

同町

吉田丹下（印）

曽祢町

辻田専右衛門（印）

下中之郷町

中山弥作（印）

宮後西河原町

小河新左衛門

八日市場町

市村伝左衛門（印）

高柳町

内田兵大夫

八日市場町

小西太郎兵衛（印）

請人一之木町

河村善五大夫
同　八日市場町
小林佐次兵衛（印）
御金支配所
辻市郎右衛門殿
辻文右衛門殿
此度利足金弐両弐歩ト七匁四分五厘相渡し置申候、以上
○差出人の押印は全て墨引き抹消されている。

八七、紅屋松兵衛金子借用証文（竪紙）

一札

一、金壱両也
右之金子、此度御拝借奉御願申上候ニ付、
各様御取持を以、御許容為被成下、
難有奉拝借候事、実正ニ御座候、
御上納之義者来ル申三月限り、元利とも
急度御上納可仕候、仍一札如件

中川原
紅屋松兵衛（印）
同所親類
天明七未十一月
村林伊右衛門（印）
吉田源左衛門殿
辻田仙右衛門殿

八八、矢村佐作金子借用証文（竪紙）

借用申金子之事

一、金三（印）両也
右之金子借（印）用申処実正明白也、
返済之義者来ル四月帰宅之上
無相違、急度返弁可申候、為後日
仍一札如件
天明八戌申年二月
矢村佐作（印）
辻庄大夫殿
吉田丹下殿

八九、高向村新左衛門一札（竪紙）

一札

先年私引請調差上候材木代拾八両弐歩之所、御下ヶ被下候様段々奉願上候得共、先年ゟ方々掛ヶ方之義末（未）一向御払無之、私受負計御払被下候事茂難被成被仰聞、御尤至極奉存候、乍併私方ゟ之売懸ヶニ而茂無之、請合を以取次候物ニ而右之通代物払かへ置候事故、強而御願申上候へ共、賄方村林作兵衛殿之御取かゝり以前之事なれば、何分ニ急ニ相済不申ゆへ無是非、此度ゟ来ル亥之年迄両節季ニ金壱両ツ丶、以上金六両を以皆済可仕御願申上候処御聞届被下、右被仰聞候通承知仕候、仍而奉差上一札如件

天明八戊申年十二月

高向村

新左衛門（印）

永田清記殿

吉田丹下殿

（付箋）「天明八」

九〇、紀州粉川与兵衛等金子借用証文（継紙）

預り申金子之事

一、金弐両弐歩也（マヽ） 但し利足金八ヶ月壱割定

右者泉州大通郡大鳥村松右衛門殿を致打擲被痛候ニ付、療用薬代并国元迄駕賃為入用金三両差遣シ可申処、路用不足仕候ニ付、右金御預ヶ被下候を、先方江相定、其外入用者預用捨事済仕候而大慶奉存候、右之金子者此節難渋を御披助（扶カ）被下候事、節用之中与申、至而御苦労を被成下、無滞埒明下向仕候様ニ相成、千万忝仕合奉存候、然上者来冬迄ニ右金都合仕、西山丈助殿御出之節、元利共急度返上可仕候、万一滞義有之候ハヾ、我々親類共迄も御申入御催促可被下候、其上も遅滞ゐたし候ハヾ、庄屋殿江御届ヶ可被下候、其節一言之

異儀申間敷候、為後証仍而一札如件

寛政二庚戌年十二月

福嶋大夫様御家

永田清記殿

吉田丹下殿

紀州粉川石町

与兵衛（指判）

同北町

伊八（指判）

同中町

長蔵（指判）

上之段

金蔵（指判）

松井

利八（指判）

石町

吉右衛門（指判）

北町

佐兵衛（指判）

天福前

九右衛門（指判）

北町

金八（指判）

根来小路

平蔵（指判）

石町

国八（指判）

寺町

源蔵（指判）

同所

源六（指判）

天福前

増右衛門（指判）

魚小路

富右衛門（指判）

北町

常七（指判）

根来小路

伝次（指判）

石町

秀八（指判）

同所

与兵衛（指判）

○差出人の指判は全て墨引き抹消されている。

九一、某肥後国道者売券（竪紙）

（付箋）「寛政二」

永代譲り渡申御道者師職式之事

一、我等持分肥後国熊本・筑前国秋月・豊前
小倉、合三ヶ所家数弐百九拾七軒、右之旦所
先祖ゟ持来候得共、此度急用之子細依有之
代金三拾両ニ相極、其許江永代売渡し申候処
実正也、右之代金慥ニ請取申候、此旦所ニ付借金
銀之質物等ニ茂入置候義曽以無之候、為其双
方ゟ町内江茂相届置申候、此後相滞儀出来候ハ、、
法式之通御指図次第ニ可致候、其節一言之
異儀申間敷候

一、御祓賦帳壱冊、御初穂集高土産物仕入
帳壱冊、諸事入用帳壱冊、帳数合三冊
銘板相渡し申候

一、於此旦所借用金銀者不及申、御初穂米等
質物ニ出入候儀も無之候、万一借用金銀等
有之候ハ、、此方ゟ相唀其元へ難儀掛申間敷候

（後欠）

○継目印二顆あり。

九二、餅屋平兵衛口上（継紙）

乍恐奉上口上

一、私儀近年不仕合相続、商売等茂
休ミ居申候処、御覧被為下候通り、
家等茂段々大破ニおよひ候得共、
繕等之儀も及老年手段ニ難尽、
其上去冬者妻子とも長病之上、
死去仕、諸用多く御座候ニ付、致

他借取行ひ仕候程之儀ニ御座候間、
当時ニ至り当座之諸用ニ差つ
まり、甚難渋至極仕居申候、何之
御台処江売掛ヶ滞金六拾
八両壱歩・七匁九分有之候内、天明
七未七月ニ金壱両被下置難
有戴頂(マヽ)仕、残り金六拾七両壱歩・
七匁九分之処、此節御救と御思召
被下、御方付被為下候ハ者難有奉
存候
右之段御賢察被遊、御憐愍
を以、御済口被為仰付被下候ハ者、
難有奉存候、以上

大世古町

寛政三辛亥十一月　　餅屋平兵衛（印）

福嶋豊後様
永田清紀様
吉田丹下様

九三、福嶋四郎右衛門・同佐渡金子借用証文（竪紙）

覚

一、金五両(印)

右者此度節用不足ニ付、
預御恩借忝存候、返済之儀者
来ル十二月ニ無(印)相違、御返弁可申候、
為後日仍一札如件

福嶋四郎右衛門（印）

寛政四壬子年七月十二日　　福嶋佐渡（印）

福嶋豊後殿
永田清記殿

(付箋)「寛政四」

九四、西田五良八他一札（竪紙）

奉差上一札

豊後国御檀所勤御勘定金
相滞候ニ付、当地御定法之通、五郎八
居宅・土蔵・家財御取上被遊、一統
奉畏候、仍此段御請奉申上候、以上

西田五良八（印）
同　儀右衛門（印）

文化十癸酉年十月

親類
山村三大夫
同
船木権右衛門（印）
同
中枝茂次郎兵衛（印）
同
永田清大夫（印）

横橋新平殿
川井林大夫殿

九五、台所入用等書付（竪紙）

（前欠）
しるし入□（用カ）之時□遣ひ可申、其外
何にても台所入用之物者先納戸
致吟味、無之物ハ其上ニ而買調可申
事
一、台所之本帳并諸事之通ひ毎日致
吟味を当番之代官印判可仕事
一、毎月台所之買物金銀払方之
帳面を改、十五日めに相極可申、諸事
買物使其時々台所之帳面ニ付させ
可申、若帳ニ付おとし候者令吟味其品ニ
よりわきまへさせ可申事
一、京・大坂之伊勢屋又ハ代官共江直申
付買物仕間敷事、諸事入用之物は
台所へ申付吟味させ調可申、勿論
当地之買物右同前たるへき事
一、諸事買物年来出入之商人といふ共、

（後欠）

九六、神社村祝部職再興書付（継紙）

（前欠）

一、当宮摂社之内御食社神殿・社地共ニ神社村支配ニ而祝部職ハ若大夫持分ニ候処、今度摂社・末社祝部職御再興ニ付御補任御願申上候、司家神宮御吟味之上願之通被為　仰付、今壱人御加補ニ而　被為仰付難有奉存候、然上ハ此御社之儀諸事大切ニ可仕候、常々心掛候而度々社頭江見廻り掃除等迄随分念を入可申候、尤土地を切開キ樹木を切候様之義曽以仕間敷候、若枝葉なと払申度事有之候ハヽ、神社村年寄中江相断指図を請可申候、仮令樹木を植候事有之候共、神社村年寄中江相断可申候事

附り、我々座列之儀若大夫上座ニ可仕候子孫ニ至り補任之日付ハ後ニ候共可為同前候事

一、此社之年中神事之義ハ御定之通無懈怠相勤可申候、但両人之内差合有之時者壱人相勤可申候、若又両人共差合有之時ハ外之祝部を頼候而相勤可申候、尤其節ハ御断可申上候、且又他行故障之節者以付届可申候事

一、装束之儀、神事之節者勿論私之参宮ニも布衣着用可仕候旨被為　仰付忝奉存候事

一、布衣之織地ハ片色或ハ絹或布、此三品之内ニ而可仕候、尤紗・精好・茶宇丸之類用申間敷候、染色ハ縦緯共ニ花色ニ仕、其外之色用申間敷候事

一、指貫織地者絹已下を用ひ、色ハ濃浅黄・薄花色用ひ可申候事

一、風折烏帽子掛緒ハ組糸用申間敷候、紙之片小寄ニ可仕候、其外合セ小寄或糸之様ニ打申候紙緒、或絹紙ニ而之くけ緒等一切用申間敷候事

一、持扇ハ中啓ニ可仕候、尤爪紅持申間敷候、但其社ニ而神事之間ハ笏持可申候、社頭之外ハ一切持申間敷候事

一、他社之祝部ハ神殿并御門・御垣・鳥居御造営料と而毎年壱人前金壱歩宛差上申候得共、当社之義ハ

神社村ゟ造営仕候、依之若大夫義ハ金子差上
申間敷候、一河三大夫ハ毎年三月晦日限金子壱歩
宛神宮政所殿迄差上可申候、司家政所殿御請
取被成、摂社金之内へ御入置被成、御神宝并司家
神宮御参勤之料ニ被成可被下候事
一、我々祝部職之事、若大夫義ハ持分ニ候間、子孫連
綿ニ而相勤可申候、一河三大夫ハ家職ニ而無御座候間
一代之儀ハ司家神宮へ可被召上候事
（後欠）
○継目印二顆あり。

九七、豊後国直入郡大野郡算用目録（竪紙）

直入郡大野郡算用目録
一、銀七貫九百拾三匁九厘　惣御初尾高
此金百三拾五両三歩ト七匁　但五十八匁弐分九りんかへ
右払方
一、金四拾三両三歩ト拾匁七分二厘（伊勢・京・大坂土産之代）
一、金拾九両ト七匁壱分九厘（京・大坂道中旦那所惣遣高）
一、金三両三歩ト拾匁七分　惣銀銭売損
一、金壱両弐歩ト八分　状書賃日用入用共ニ
一、金六両三歩ト九匁　金五拾五両利足すあひ料共ニ
一、金三両弐歩ト五分　小方二人入用
一、金三両壱歩ト拾匁六分七りん　銀弐百目伊勢屋敷銀之代ニ払
払方
合金八拾弐両壱歩ト銀四匁九分七厘
指引銭ヲ
金五拾三両弐歩ト銀弐匁三りん、御神徳
最前指上ヶ申候御神徳ハ金五拾四両三歩ト弐分壱りん
此指引銭ヲ金壱両ト銀拾弐匁七分九りん　過上

九八、福嶋末輔書状（折紙）

一筆致啓上候、弥いつれも様
御堅固ニ御入可被成と奉察候、然者我等

近年京都ニ罷有候ニ、前々ゟ
家之儀大概申聞候而差図
仕候処ニ、去年霜月六日ニ
各様御書状并式部方ゟ
申聞候処ニ、其已後只今迄
諸事之儀拙者へ不申聞
難心得令存候、向後茂
此方へ知らせ申間敷候哉と式部方へ
相尋申候、各様ニ左様ニ
思召可被下候、恐惶謹言
六月晦日　　末輔（花押）
福島藤左衛門
親類中

九九、明石半右衛門書状（折紙）
尚々、当年之分も
此四月に子共拙子
両人之とし書付候而
上ヶ申候、只今書状之駄
計に銀弐匁二分
上ヶ申候、以上
御懇書忝拝見仕候、
随而御祈念之御
祓太麻并熨斗壱把
白粉壱箱被懸御意
忝頂戴仕候、弥於御
神前御祈念之処
奉頼存候、然者拙者
ゟ毎年御はつを上ヶ
申方ハ福嶋伊豆殿と
申候、前方ハ福嶋四郎右衛門殿と
申来り候、又二十年
ほと御はつを上ヶ
来り候、御使者四郎右衛門殿
被仰候付承候、其元ニ而

御ぎんミ被成候て来
春御下可被成候、
毎年之御はつを上ヶ申
事、ひつしのとし
半右衛門ため二五匁、又
内義ち子共をために
八匁ツ、上ヶ申候内に
召遣候者共へも少ツ、
上ヶ申候間、其御心得可
被成候、尚御使者
可被給候間又令申候、
恐惶謹言

明石半右衛門

無神月八日（マヽ）　　友（花押）

福嶋大夫様
貴報

一〇〇―一、米良山・椎葉山絵図口上（竪紙）

米良半右衛門殿江御尋申候口上之覚
一、絵図之事　絵図御恩借申上度候
先年米良山・椎葉山両所□□国（肥後）
求磨郡之内之絵図ト同紙御書入
被成候と窺可申事
此度被仰聞候口上之覚
一、絵図之儀御覧被成度之旨被仰下候、安キ御用ニ候、
併米良山・椎葉山両所絵図先年壱岐守ニ
被仰付、肥後惣国惣絵図上り候而壱年計後ニ
仕上候、両所之絵図別紙ニ二通ニ仕、日州之
内とも肥後之内とも書入不申候、絵図御覧被成候而も
此度之御用ニ立申間敷かと被存知候、其上絵図
（後欠）

一〇〇―二、福嶋家相続一札断簡（切紙）

（前欠）

扇館三右衛門手前ニ而金七生達申候様ニ被　仰
付候、金七儀成人次第手前江引取養子ニ仕、
福嶋家相続致させ候様ニとの御意之趣奉
□□□□（畏候且又）拙者妻女ニ実子□（出）生［　　　　］
（後欠）

○五四号文書と関連するか。
○右二通の文書は一紙に裏打ちされている。

一〇一、福嶋末成屋敷売券（竪紙）

永代沽渡し申屋敷之事
在所者前野村東輪我等持分之屋敷一円
坪数合三拾六坪壱分二リン九毛
　　東ハ福井三郎兵衛殿屋敷限　　東幅五間壱尺五寸
　　西ハ大道限也　　西幅五間五寸
四至境　南ハ大主源左衛門尉殿屋敷限　　南幅七間九寸
　　北ハ川上味右衛門尉殿屋敷限　　北幅七間二寸九分
　　東幅ニ水とをし有

右件之屋敷者我等久敷持来雖知行仕候、依有
急用金小判四拾壱両ト弐拾壱匁弐分三リン請取申、
其方へ永代売渡し申処実正明白也、此屋敷ニ付
［　］百性式・上成無之候、自然何方より如何様之
［　］義出来候共、我等罷出急度相捌相渡シ
［　］取うしなひ申候間、則絵図相
［　］下大法之徳政・地起行候とも
［　］申合筋目御座候間、少も
［　］仍為後日之沽券証
［　］
［　］□（福）嶋四郎右衛門尉（印）
末成（花押）
（後欠）

○後半上部から斜めに切断されている。

一〇二、六ヶ寺一件訴状（竪紙）

謹而御訴訟申候條々

一、内宮六ヶ寺神宮寺ニ而御座候
持統天王御宇風宮之住持道登法師
大化□(二カ)年四十一代、桓武天王御宇水性山
清水寺、延暦十八己卯年五十代、仁明天王
御宇長峯山広厳寺、承和元甲寅年
五十四代、右之時代より穀屋寺々にて御座候へ共、
知行一円無之故不如意成寺共ニ御座候ニ付、
古来より御祓札を賦り、六十余州之旦那之
請他力を香花灯明等之供具を調、神法楽ノ
護摩供を修し、捧御祓再拝シ、天下国家之
御祈祷仕御事、
一、如古来之御年頭之御祓札上ケ申候処、御祓無
御頂戴上者六ヶ寺大破ニ罷成迷惑仕候、全
新法を申上儀ニ無御座候御事、
(後欠)

一〇三、参宮衆取扱等書付断簡（竪紙）

(前欠)
但表二軒之屋敷年貢ハ我等□(へカ)
代此方へ取可申候、楠部之藪も隠居
入用ニハ切可申候事
一、御参宮衆之時我等仕来候通、四度罷
出御馳走可仕候事
但御　公儀并三方御用等之時ハ
勘七を出し可申候、自分遊山等ニ
被参、御参宮衆ニ逢不申候事ハ有之間敷候事
一、御参宮衆相煩被申候時ハ、代官之外別人を
付置、念頃ニ看病させ可申候事
一、夏御参宮衆へ香薷散遣し可申候事
附霍乱被仕候衆へハ道中へ薬
干飯遣し可申候事
一、先祖之聖霊無懈怠吊作善
(後欠)
(付箋)「無
半切」

一〇四、等観寺末代定書付（継紙）

今度等観寺之儀、当住持吉□（山）可有建立ニ付、町内ゟ寺領不残和尚之手前末代迄無相違様ニ□（相）定之覚

一、米麦上成年々納帳之通百性ゟ常住江致直納、以其升（枡）常住与両納所衆半分宛永代可有知行事

一、藪山屋敷不残常住之可為知行候、但両納所衆居住地者以来迄無相違両納所衆可為所知候、併岡本之屋敷寺ニ借金小判五拾両依有之、為賄之町内江預り置済次第ニ可為常住物事

一、門前之中間弐人者常住之可為計事

一、等観寺後住之儀者時之住持町内両納所相談之上、吉山和尚之以伝法於末代茂可相定候、縦吉山和尚之雖為法流、於悪僧者町内異見可為次第事

一、若無住時者常住分之知行不残并常住物相改町内江預置、後住定り候時急度相渡シ可申事

一、吉山和尚寺家建立之上者向後住持町内江以談合寺門破損無之様ニ修理ヲ相加、尤寺可然様ニ相続可有事

（後欠）

一〇五、某訴状案（継紙）

（前欠）

相伴ひ山田へ罷越居住被致故に中村を名乗、弥一郎八才之時、父基清相果候、弥市郎ハ隼人順清と改

一、隼人順清ハ隣家之儀候得ハ福嶋末敦殿と常々入魂ニ致合候処、有時末敦殿病気ヲ□□□段気分宜しからさる之由隼人へ被申候者、我等此度之病気本復難成候様ニ被存候、貴殿是迄預御慈意之処、忝存候乍迚今一生之御頼之事ニ候、親類之血次と思召、我ニ成替り左京之助後

見を被成、家相続被成被下候ハヽ、可忝と被申候、隼人申候ハヽ、左京之助殿万端跡職之義少も御気遣ひ被成間敷候、御親類江相添ひ何分義左京之助殿を守立、御家相続候様ニ可仕と申候得ハ、末敦殿被仰候ハヽ、近頃御心底之程不浅安堵仕候との御仰ニ候事

一、末敦殿本復も不相叶被致死去候以後、親類家来中隼人江被申候者、末敦殿御遺言之通乍御太儀御世話被成被下候との事ニ候、隼人申候者、此儀末敦殿之御心を安めむため軽く御返答申候、御親類家来として左京之助殿を守立、御家相続被成候ハヽ、御尤之御事ニ候と申遣し候得ハ、亦以被申来候者、貴殿如何様ニ被仰候、其末敦殿御遺言重く御座候故、是非之御頼申事候、隼人も無是非其利に随ひ、左京之助殿後見ニ相付家相続之致支配事

（後欠）

○四一号文書と関連するか。

一〇六、経蔵屋敷絵図（竪紙）

（表面）

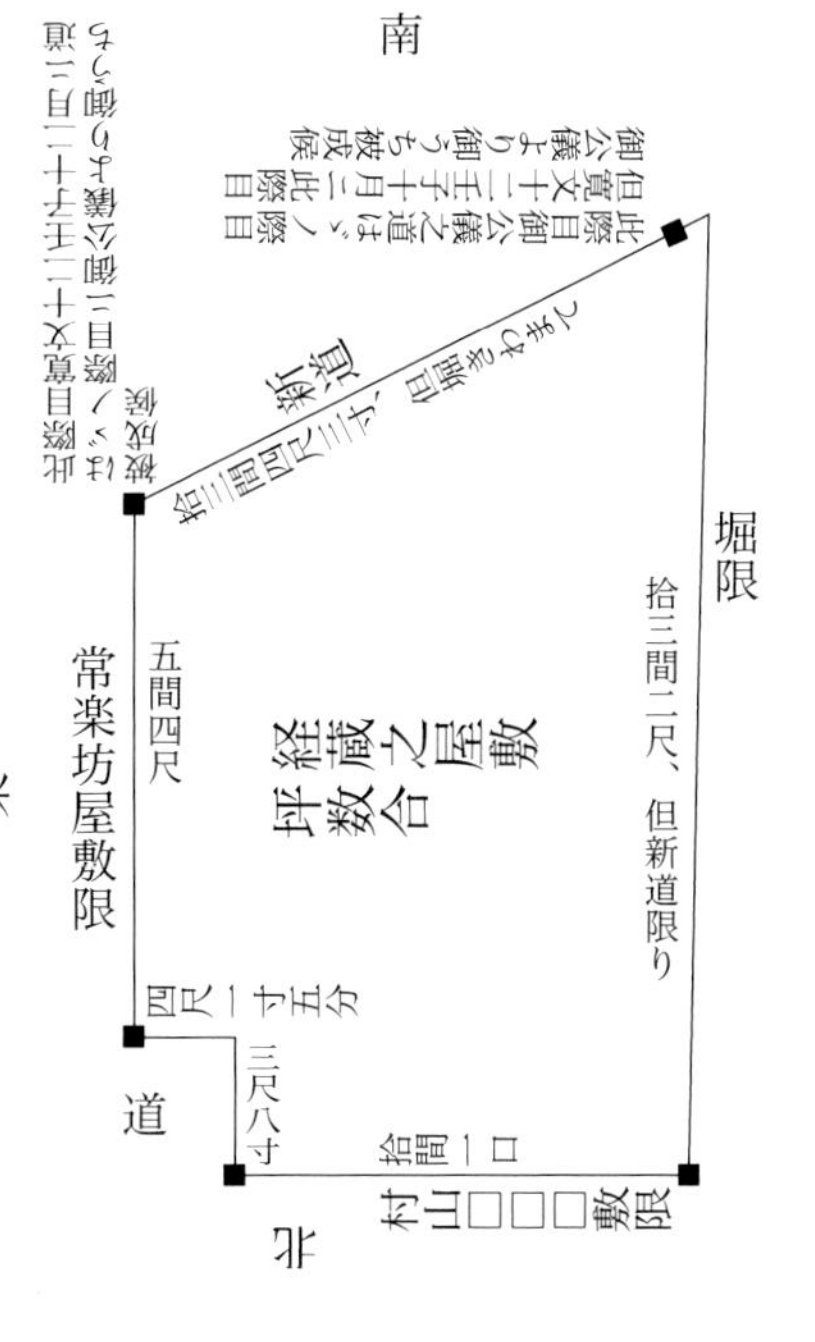

（裏面）

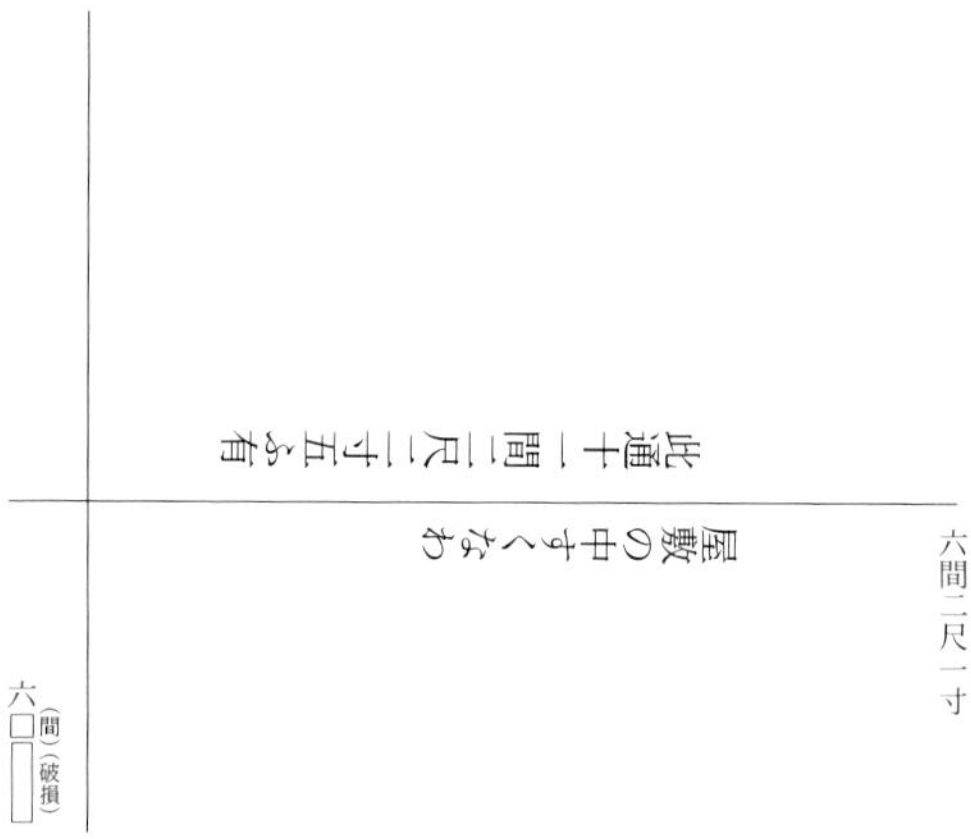

補遺　北畠具房奉行人奉書写

福嶋跡職之儀、
鍋次郎ニ御扶持ニ付、
金子拾枚被進之候、
厳重ニ被召置候、并
今度就御隠居、為
御音信銀子弐枚
被進之候、御祝着候、
猶方穂可申候由所也、
恐々謹言
天正三
六月六日　房（花押影）
北監物進とのへ

○本文書は神宮文庫所蔵『福嶋家古文書』（第一門一〇七八三号、嘉永五年御巫清直影写本）所収文書である。なお福島信悟家所蔵文書『福嶋家古文書』（安政六年幸福嗣興影写本）にも同様の文書を収める。

神宮文庫所蔵「福島大夫文書」について

本巻に収録する「福島大夫文書」（以下、当文書と記す）は、三重県伊勢市に所在する神宮文庫の所蔵で、(1)伊勢神宮の御師家の一つである福嶋勘左衛門家に伝来した文書である。

当文書と「皇學館大学史料編纂所所蔵福嶋御塩焼大夫文書」（本資料叢書第七輯収録）・「八幡朝見神社所蔵福嶋御塩焼大夫文書」（本資料叢書第八輯収録）・「福島信悟家所蔵文書」（本資料叢書第九輯収録）は、本来ひとつの文書群であったと推測される。

本巻で収めたのは、永正十四年（一五一七）から文化十年（一八一三）に及ぶ全一〇六点の文書である。なお、文書のすべてに薄葉紙で裏打ちが施されている。

福嶋勘左衛門家は、(2)外宮鳥居前町（山田）における屈指の有力御師で、外宮近くの八日市場町に屋敷を構えていた（【図1】）。住民組織である山田三方の三方年寄を務めるとともに、外宮権禰宜職・土宮御塩焼物忌職を世襲する社家でもあった。

同家は他の御師家に比して古くから活動を行っており、十五世紀後半にはその存在が確認できる。御祓銘は「御塩焼大夫」・「福嶋大夫」などを用いた。

【図1】福嶋家の居住場所（寛文年間）

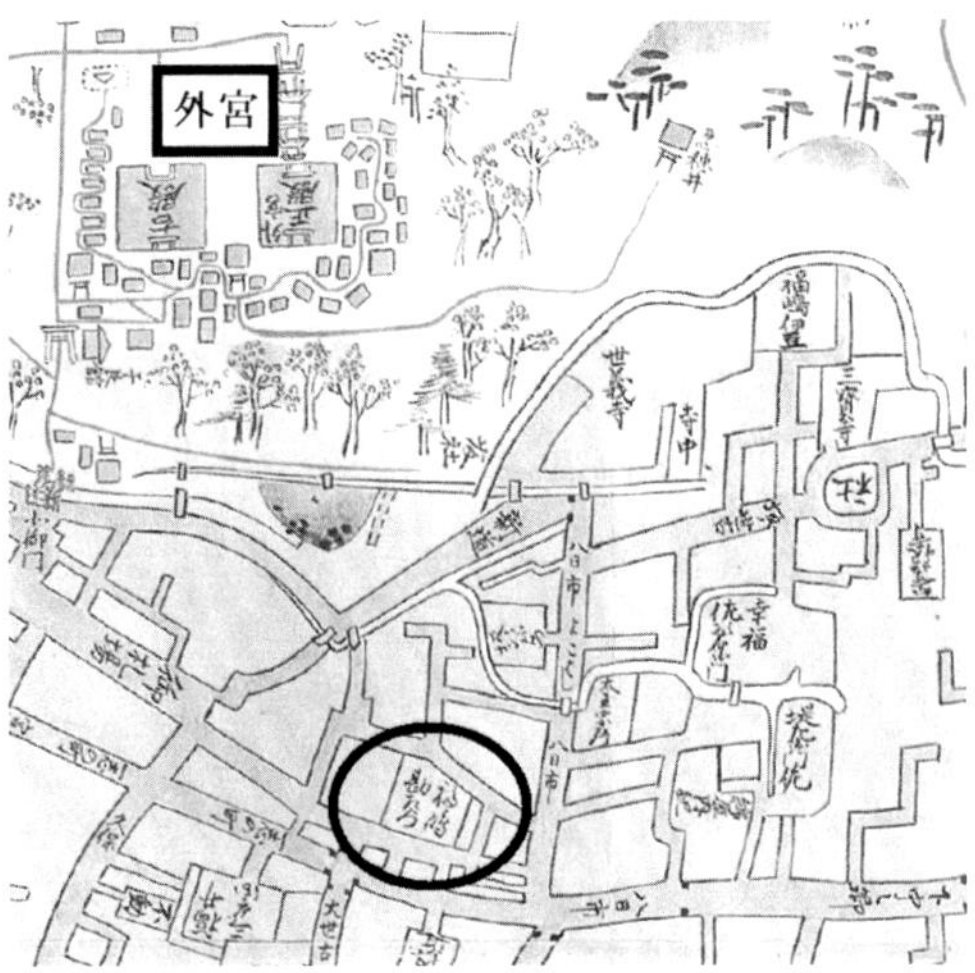

神宮文庫所蔵「山田惣絵図」に加筆して作成

もともと双六の賽（さい）を販売する都市商人を出自とし、「賽屋大夫」を名乗っていたとする伝承が江戸時代にはあったようであるが、(3)これについては定かではない。

【写真１】旧邸門（現 神宮文庫表門）の紋瓦

ただ、「簺屋大夫」や「簺屋大夫」のように、現存する書状の中に「賽屋」を書き誤ったと思しき事例(4)があることや、この賽が家紋の一つとして用いられていたことを考慮すると(5)（【写真1】）、何らかの事実を反映する伝承なのかもしれない。

　神宮御師は御祓大麻と呼ばれる神札の配布や止宿の世話を生業としたが、その得意先は決まっており、旦那・旦那所などと呼称された。同家が有する旦那の数は、安永六年（一七七七）三月で一八万五一七二家ほどであった。(6)特に豊後国・肥後国が主な縄張りだったようで、「福嶋某日安写」（二六号文書）によると、十六世紀後半のある時期には門前に「豊後惣国・肥後惣国之御師」と書かれた高札が掲げられていたという。

　これの真偽はともあれ、豊後国の守護大名であった大友氏やその家臣団との関係は十五世紀末から十六世紀初頭ごろまで遡ることが可能である。(7)本資料叢書の第七輯・第八輯にそれに関する文書を収めているので参照されたい。

なお、現在「黒門」の名で親しまれている神宮文庫の表門は、同家の邸門を昭和十年（一九三五）に移したものである。[8]

当文書のうちから注目される事項をいくつか取り上げておく。

まず、旦那との関係を窺うことができる文書を含んでいる点である。例えば、「紀太孫右衛門尉旦那職契約状」（七号文書）は師旦の契約に関する文書である。旦那の開拓は、江戸時代初期に規制が加えられるようになったが、[9]それ以前においては御師たちによって積極的に行われていた。ここでは天正二年（一五七四）九月吉日付で「紀太孫右衛門尉」という人物が「永代其方ヲ我等壱類御師ニ相定申候」と約しており、契約のあり方が端的に示されている。「仕合よく大明（マヽ）ニ罷成候ハヽ、高ニ付年々百分壱ヲ進上可申候」との文言も、当時の武士層の信仰を垣間見るようで興味深い。

「紀州粉川与兵衛等金子借用証文」（九〇号文書）は寛政二年（一七九〇）十二月付で、参宮時のトラブルに際して作成された文書である。どうやら紀伊国那賀郡粉川町（現　和歌山県紀の川市）の人々は、和泉国大鳥郡大鳥村（現　大阪府堺市）から来ていた松右衛門を打擲し、怪我をさせてしまったらしい。その治療費などのため困っていたところ、福嶋家が金子を用立てて解決したようである。御師が参宮に訪れた人々に対して、様々な手助けを行っていた様子がうかがわれる。

次に、家政関係の文書が注目される。元禄五年（一六九二）正月に当主となった福嶋末輔は「我儘ニ金銀[10]」を費やすなど行状に問題のある人物であったらしい。周囲からの批判に耐えかねたのか、元禄十四年七月、とうとう京都に「家出」してしまう。[11]「福嶋末輔書状」（九八号文書）は同所から送られた書状で、末輔が退去後も影響力を持ち続けようと画策していたことがうかがわれる。その後、末輔が戻ることは無く、弟の末尭が跡を継いだが、彼も不行跡が目立つところがあった。[12]

このような状況のなかで家の経営は悪化したらしい。「福嶋金七等金子預り証文」(六〇号文書)などは、この時期の借財に関するもので当時の苦しい状況を物語っている。

右に関連して、相続面でも長らく問題を抱えることになったが、延享五年(一七四八)六月に有力御師の上部氏から末竪を養子として迎えることでひとまず落着し[13]、経営もある程度は安定したようである。

このほか、御師家の配札に関する文書が多く含まれている。例えば、「岡村善兵衛口上写」(六九号文書)は、配札を実際に担当していた手代に関するものである。

「豊後国直入郡大野郡算用目録」(五一号文書)は、元禄十年(一六九七)に作成された算用目録である。ここには「初穂高」と「払方」を書き上げた上で、「指引銭」が計算されており、配札の収支の実態をうかがうことができる。

また、「福嶋数馬訴状案」(三七号文書)は、承応三年(一六五四)に福島家が旦那の帰属をめぐって他の御師と争った際に作成された案文のようである。このように御師間の相論に関連する文書も散見される。

以上のように当文書は豊かな内容を持つ。鳥居前町や御師家、伊勢信仰を考える上でいずれも重要であろう。

現在、確認できる福嶋勘左衛門家のまとまった文書は、これですべて翻刻・紹介されたことになる。ただし、伝来の過程で散逸したと思しき文書があることには注意が必要である。例えば、天正三年(一五七五)六月六日付の北畠具房奉行人奉書は、北鍋次郎による勘左衛門家相続に関する重要な文書であるが、原本が確認できない。参考のため影写本をもとに翻刻し、補遺として末尾に収録しておく。

今後、この貴重な文書群の積極的な活用により研究がいっそう深化することを期待したい。

（1）登録名称「福島大夫関係御師文書」（図書番号一門一二六九九号）。
（2）福嶋勘左衛門家に関しては、恵良宏「福嶋御塩焼大夫文書について」（皇學館大学史料編纂所編『神宮御師資料』第七輯、皇學館大学出版部、一九九八年）、窪寺恭秀「解題」（皇學館大学史料編纂所編『神宮御師資料』第八輯、皇學館大学出版部、二〇一七年）、拙稿「福島信悟家所蔵文書について」（皇學館大学研究開発推進センター史料編纂所編『神宮御師資料』第九輯、皇學館大学出版部、二〇二〇年）を参照。
（3）『古老茶物語』（神宮司庁編『増補大神宮叢書24神宮近世奉賽拾要』後篇、吉川弘文館）、五六頁。
（4）「五五、間嶋摂津守某書状」・「五六、間嶋摂津守某書状」（前掲『神宮御師資料』第七輯）、四五頁。
（5）神宮文庫所蔵「家世紀聞」（図書番号六門五二九号）。
（6）「安永六年丁酉年外宮師職諸国旦方家数改覚」（皇學館大学史料編纂所編『神宮御師資料』第五輯、皇學館大学出版部）、三二頁。
（7）前掲「福嶋御塩焼大夫文書について」、一〇九頁。
（8）宇津野金彦「1　御師邸門（神宮文庫表門）」（伊勢市編『伊勢市史』第七巻文化財編、伊勢市、二〇〇七年）、四七三頁。なお、移築以前の様子を描いた絵画も残っている（名古屋大学附属図書館所蔵「福島みさき大夫館の図」、請求記号289．1／H／神皇）。
（9）山田の事例を挙げると、例えば、寛永十二年（一六三五）閏六月二十三日には、「金銀取替」によって「永々師職のけいやく」をしたり、「当分御師のつとめ」を行ったりすることが禁止されている（神宮文庫所蔵「神宮引付」、図書番号一門四一五〇号―八）。これにより、金銭を用いて旦那を獲得すること（金銭の貸与を条件に師旦の契約を結ぶなど）ができなくなったと考えられる。現にこれ以降、「御宿職売券」が確認できなくなる。「御宿職売券」については、西山克『道者と地下人―中世末期の伊勢―』（吉川弘文館、一九八七年、一一一～一三二頁）を参照。
（10）「三方会合記録　四」元禄十二年十月二十七日条（『増補大神宮叢書24　神宮近世奉賽拾要』後篇）、三九五頁。
（11）同右、元禄十四年七月二十四日条、三九八頁。
（12）同右、元禄十六年五月晦日条、三九八頁。
（13）同右、延享五年六月二十二日条、四五八頁。

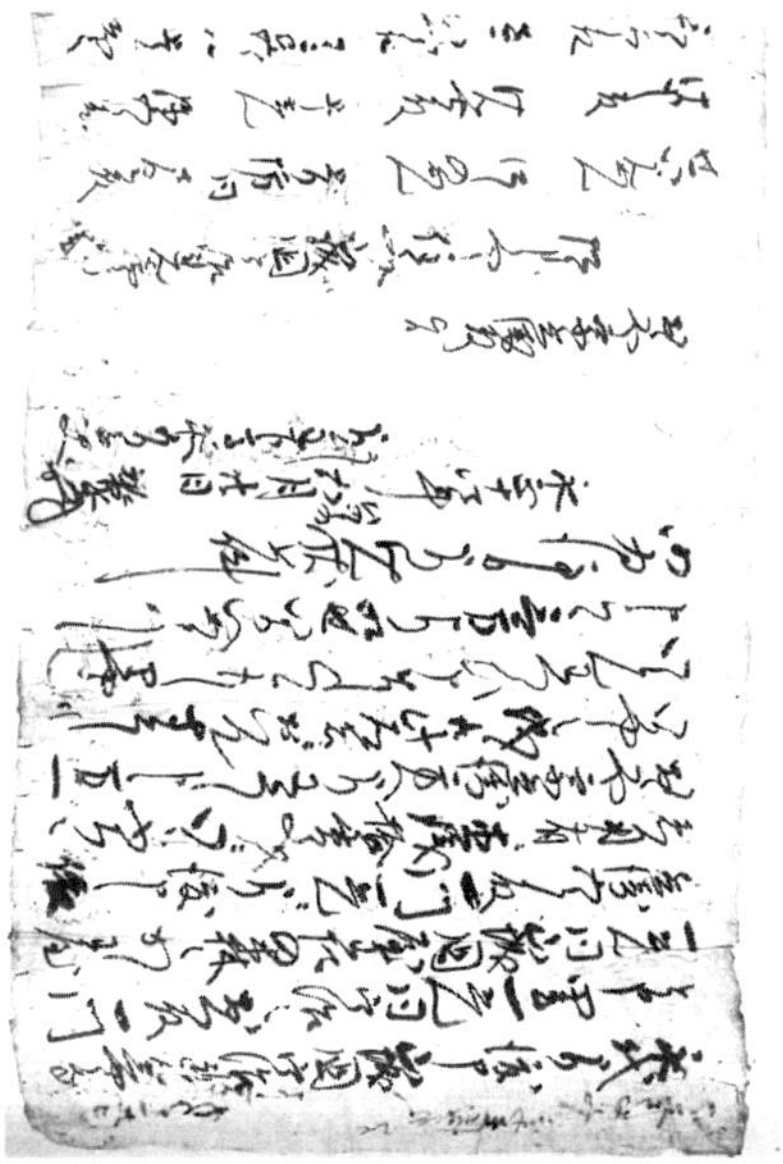

一、もりミ大夫弘家道者売券

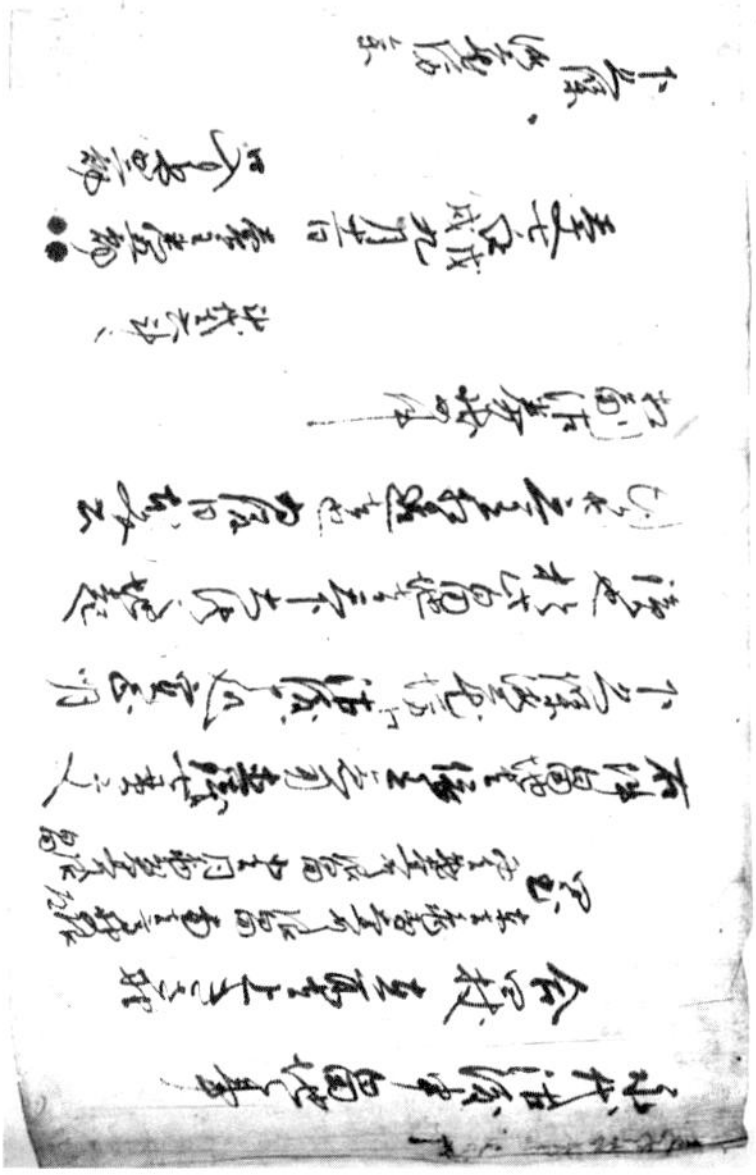

二、衛門五郎畠地売券

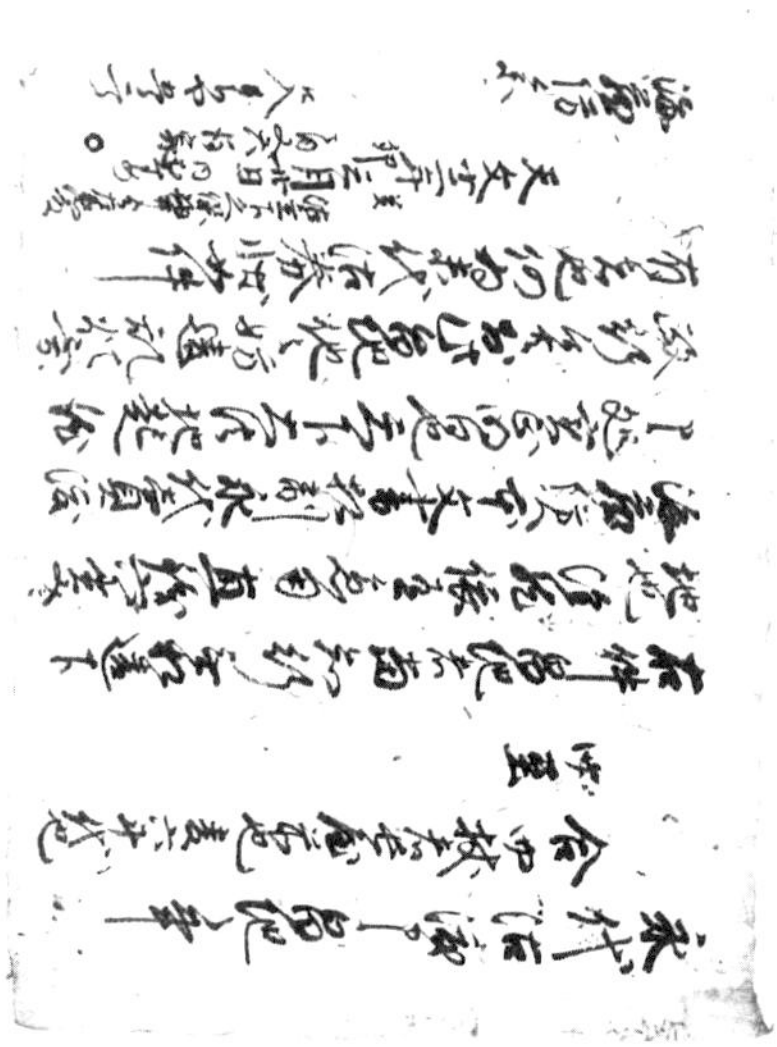

三、又六後家・同むすめ畠地売券

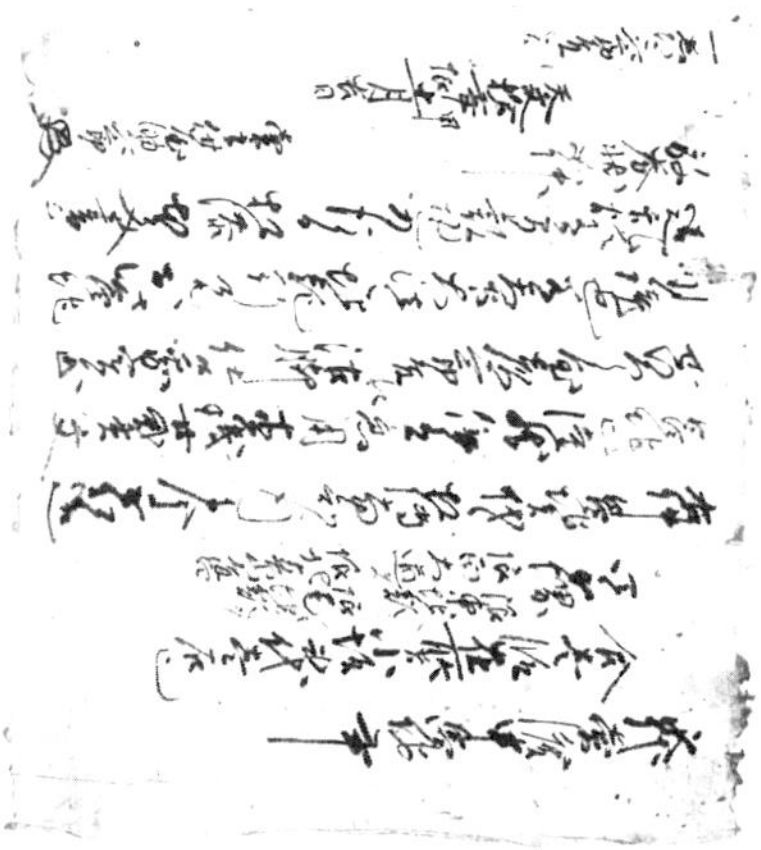

四、紺屋助次郎畠地売券

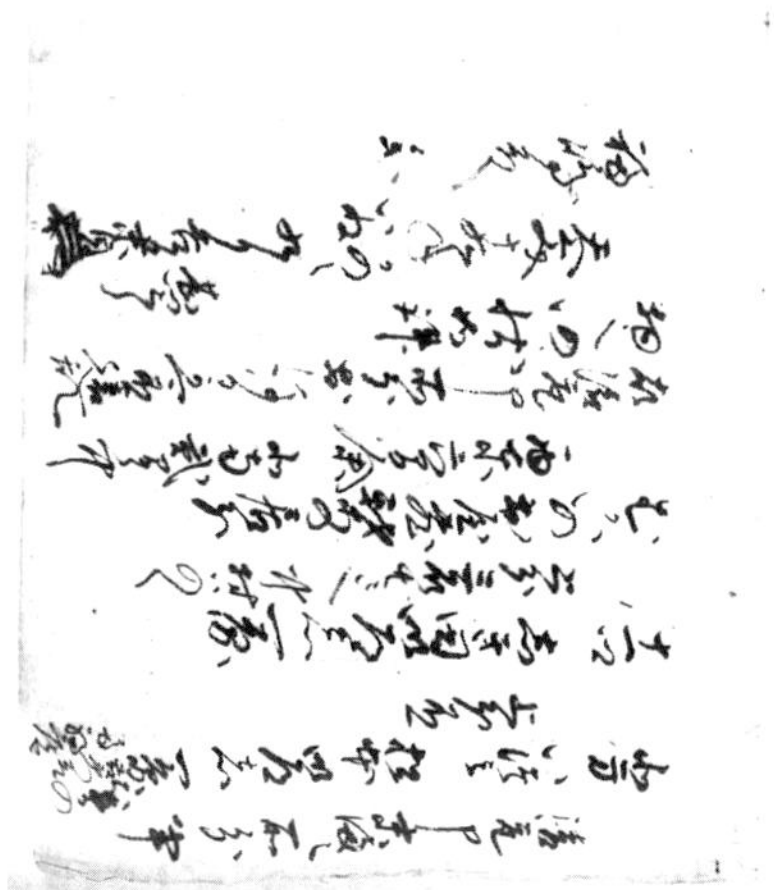

五、甚四郎末貞請取状

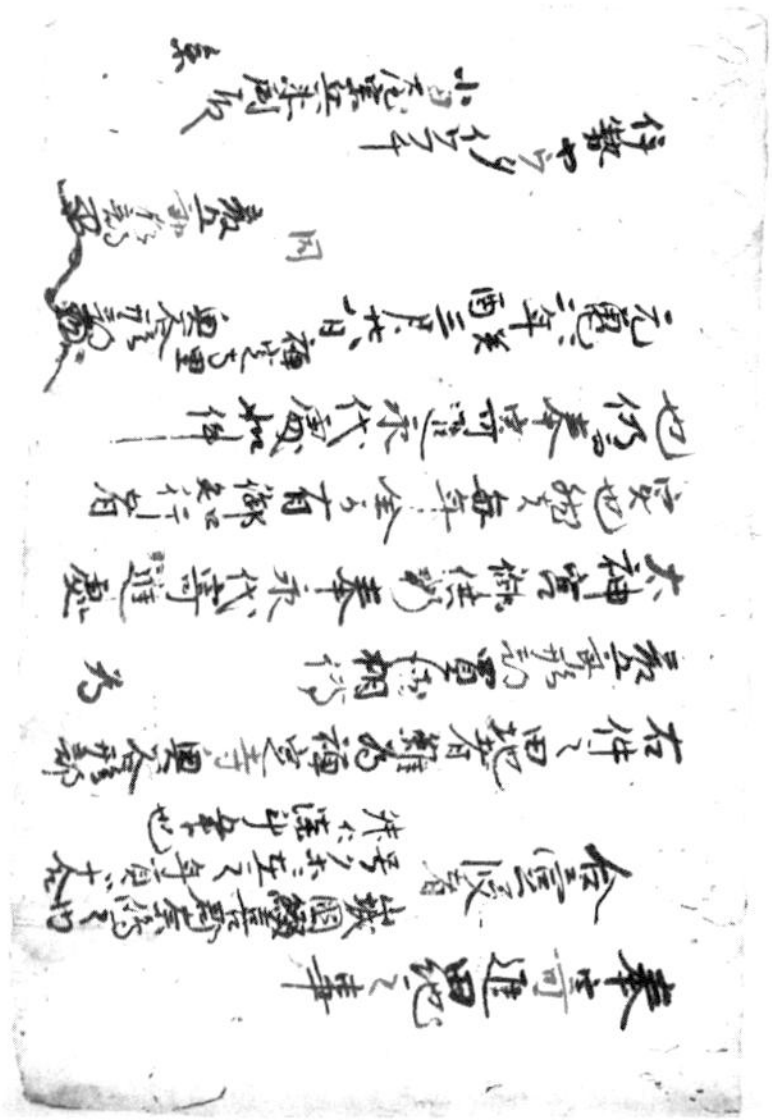

六、奥谷刑部・同彦五郎刑部連署田地寄進状

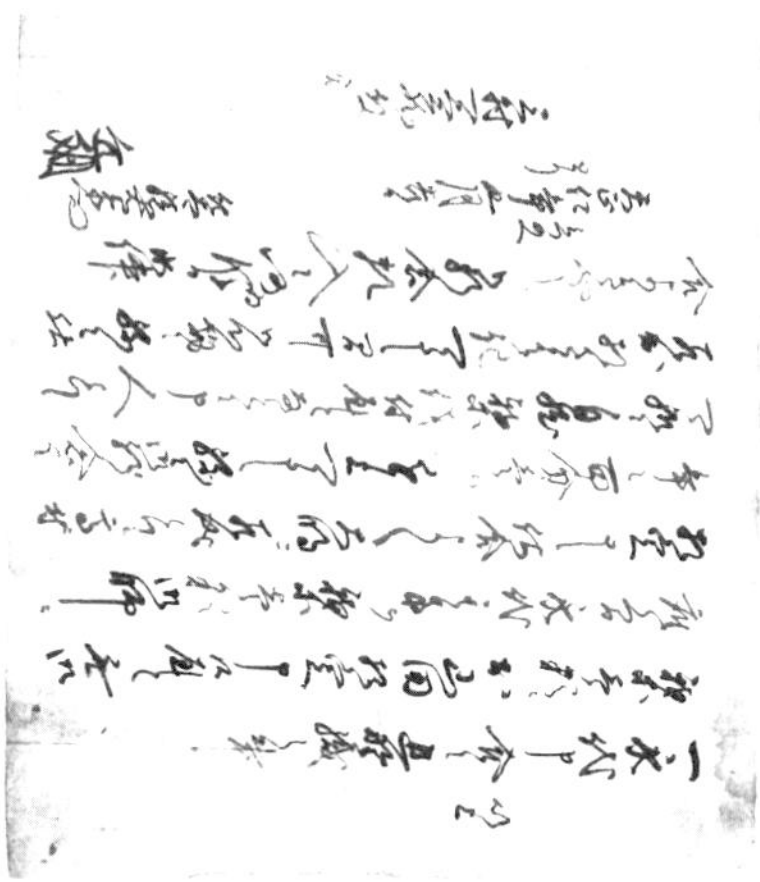

七、紀太孫右衛門尉日那職契約状

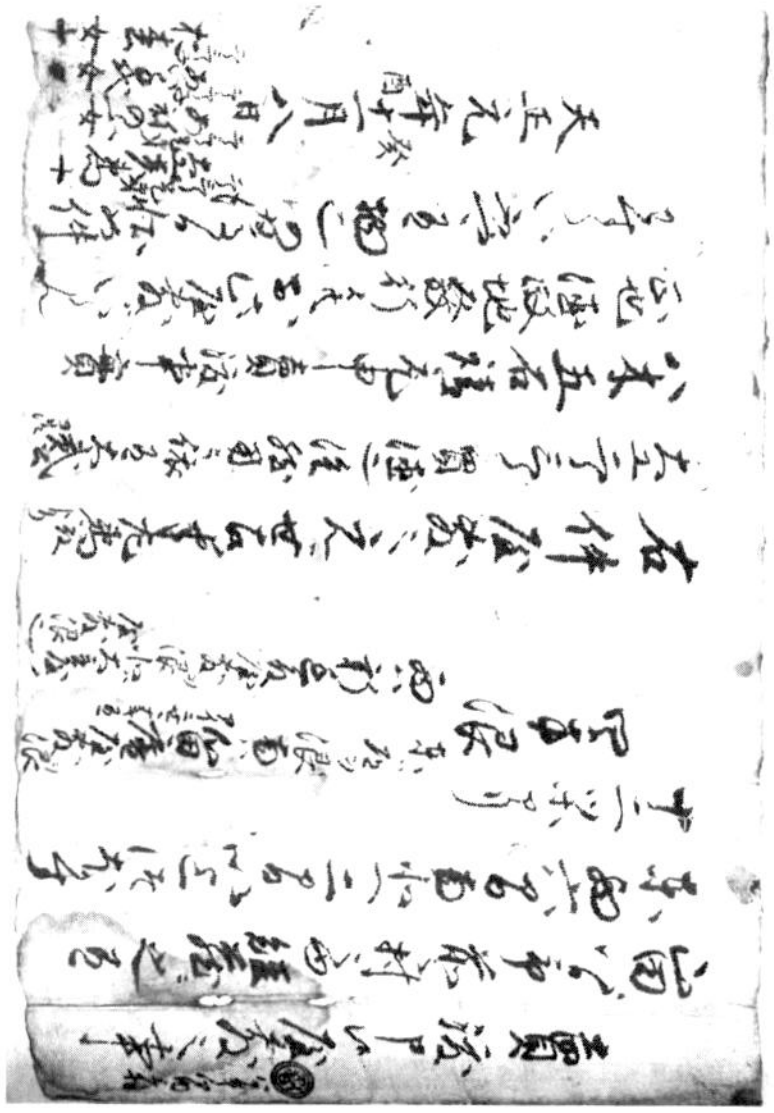

八、大工彦衛門等連署屋敷売券

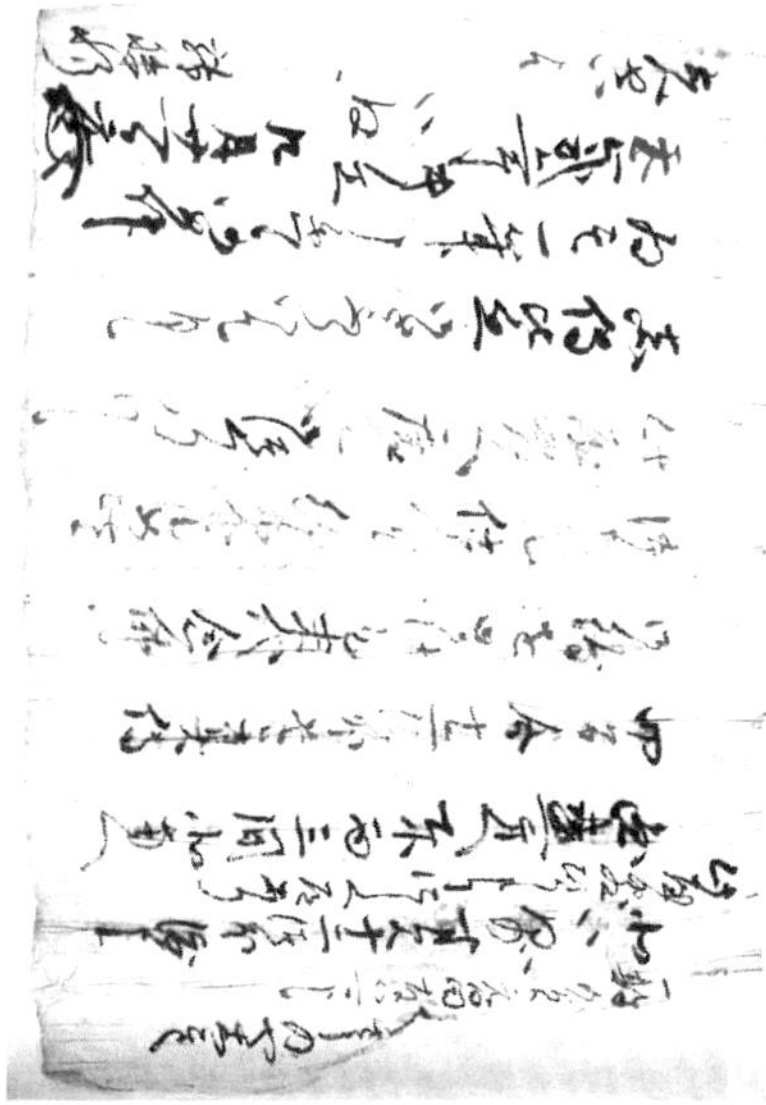

九、龍昧軒書置

一〇、福嶋末慶屋敷売券

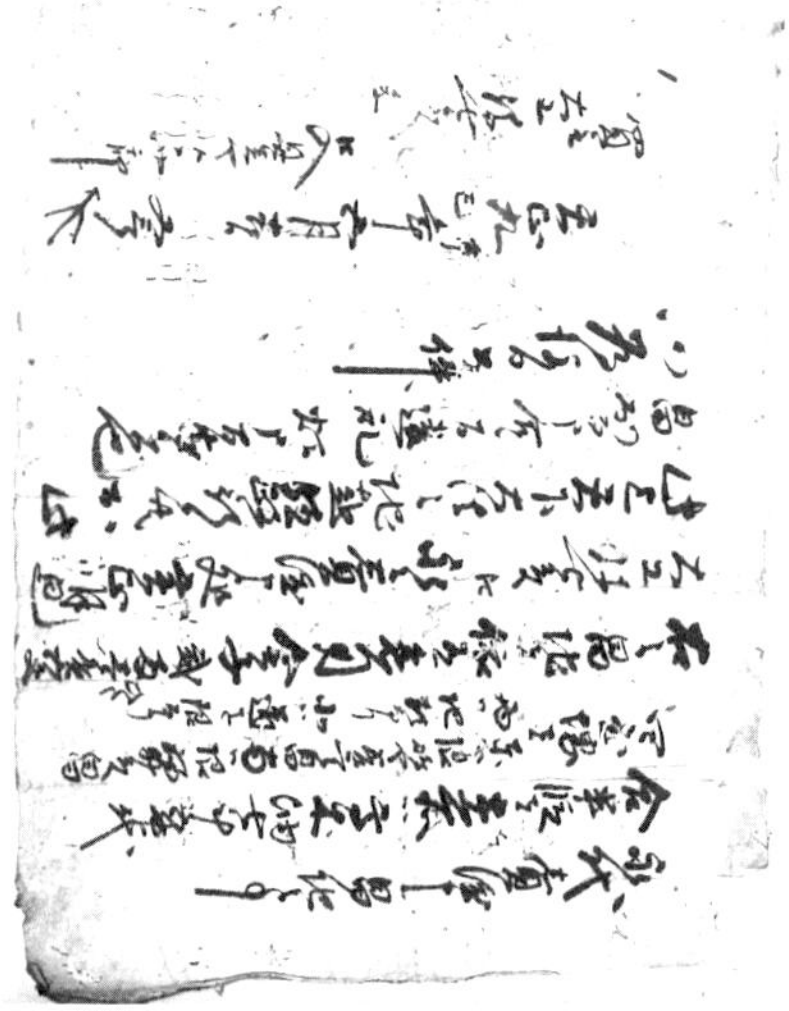

一、又三郎畠地売券

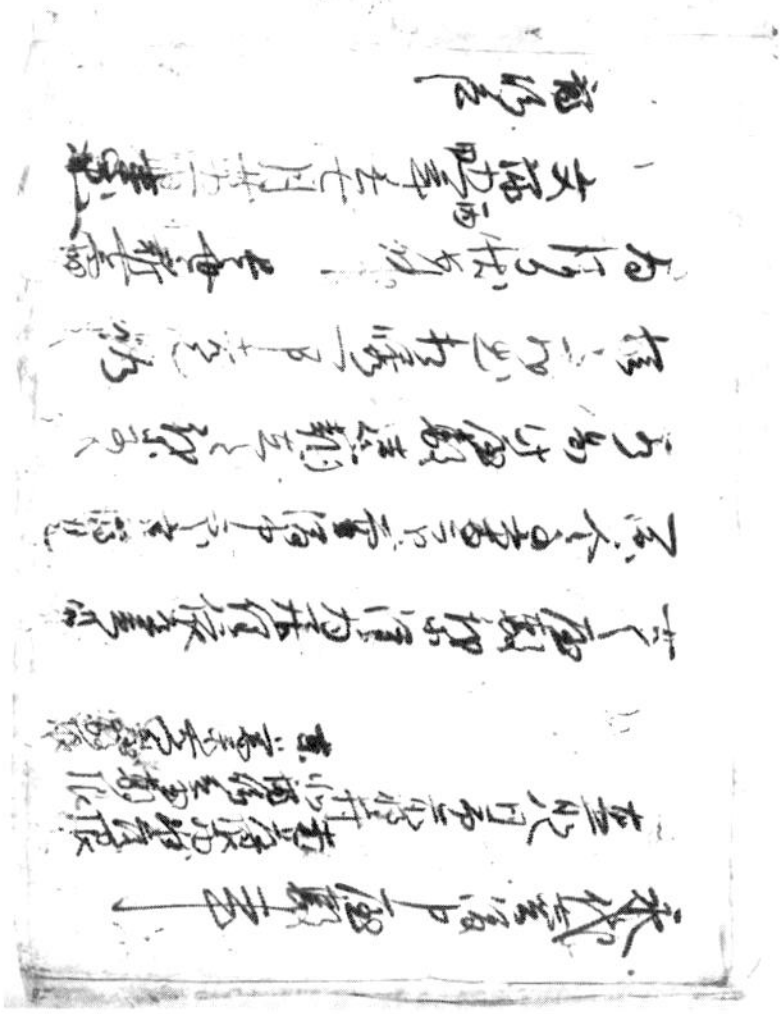

二、長世古末乗屋敷売券

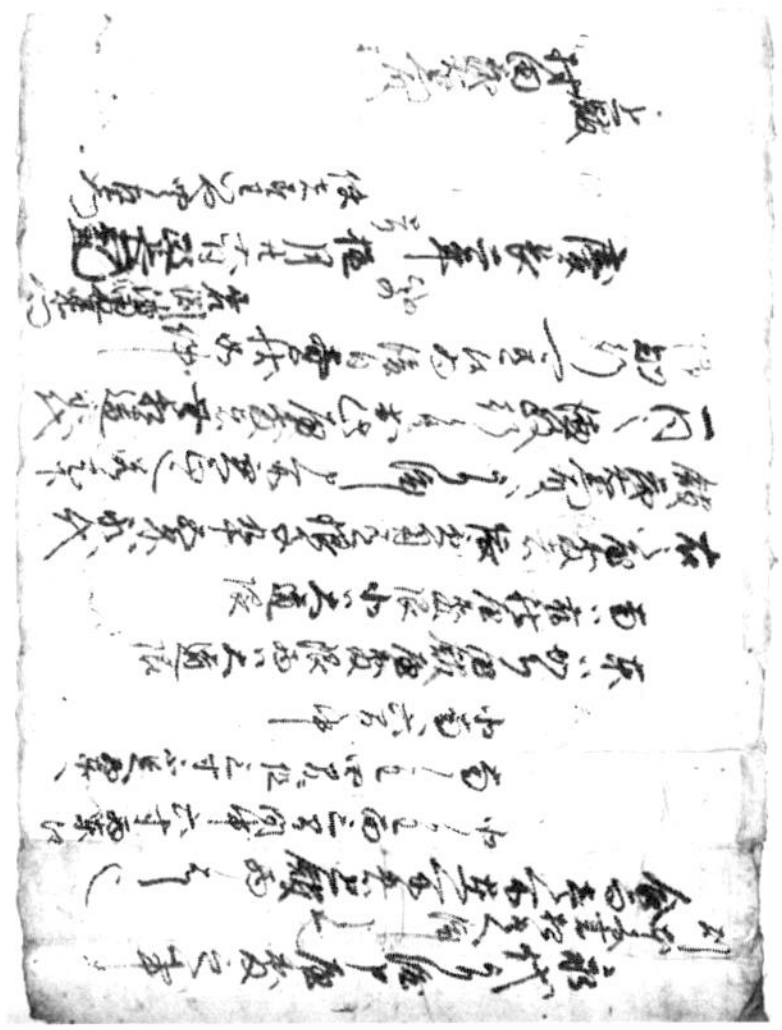

一三、徳田政長屋敷売券

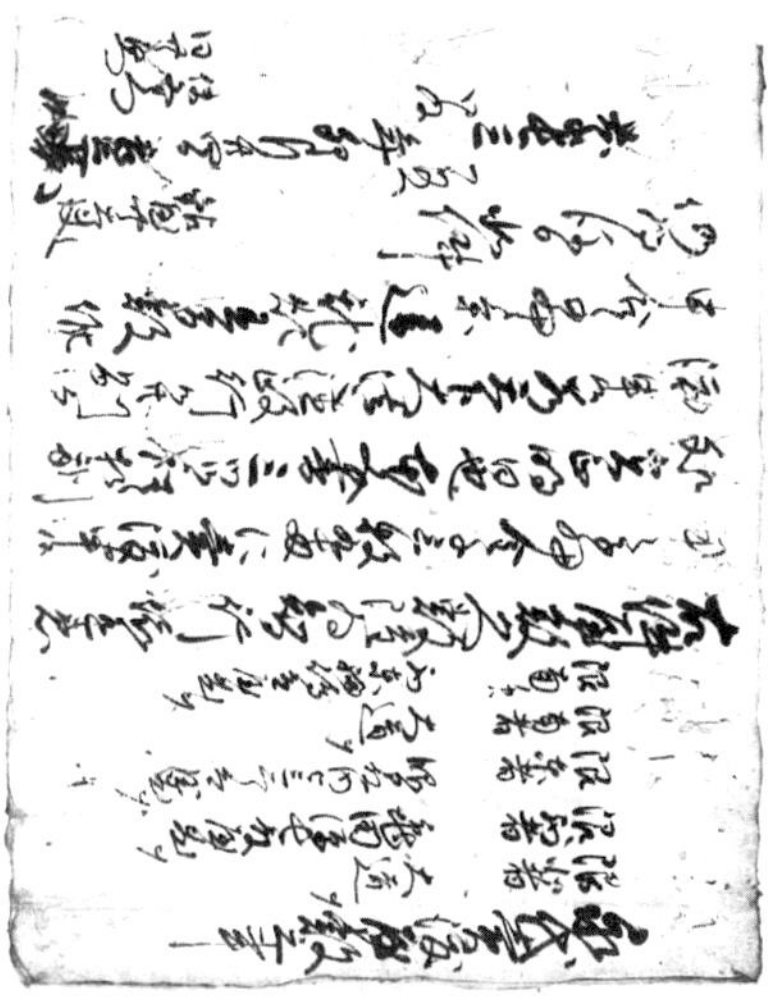

一四、鮮屋吉定屋敷売券

一五、うやへきこう道者売券

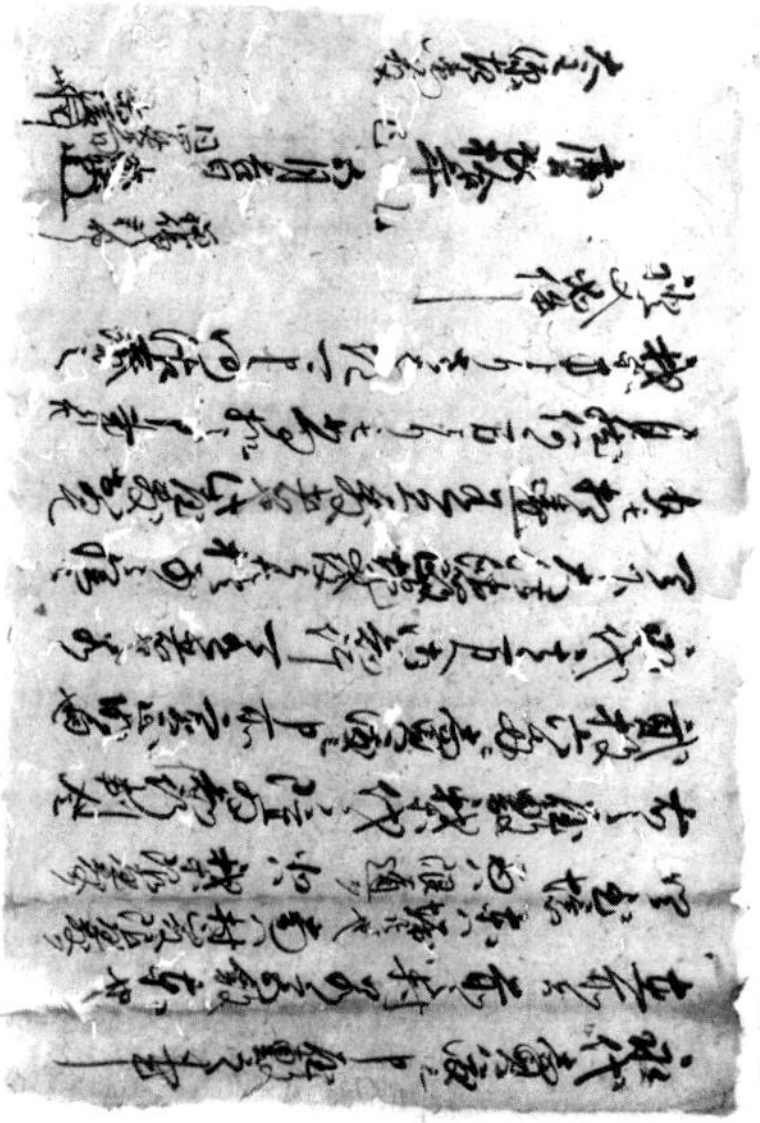

一六、福嶋末綴・同末済連署屋敷売券

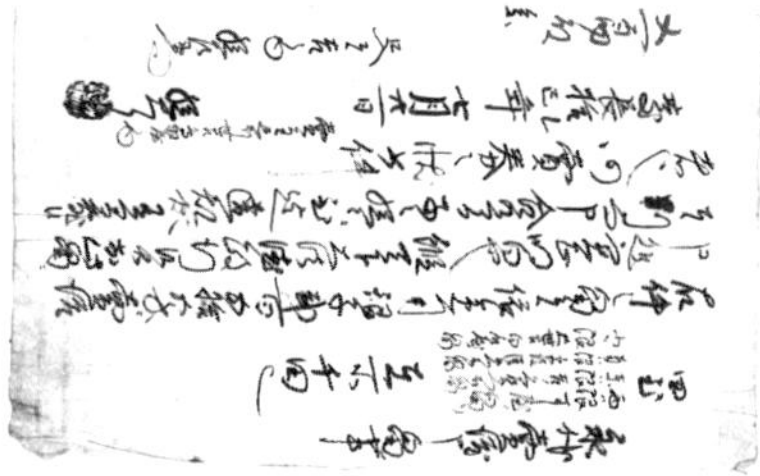

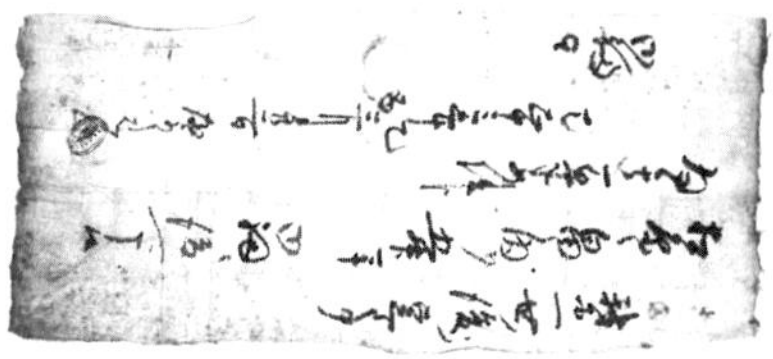

一七—一、尼ようはん書置

一七—二、鳥羽屋内孫太郎畠地売券

一八、福嶋某言上書案

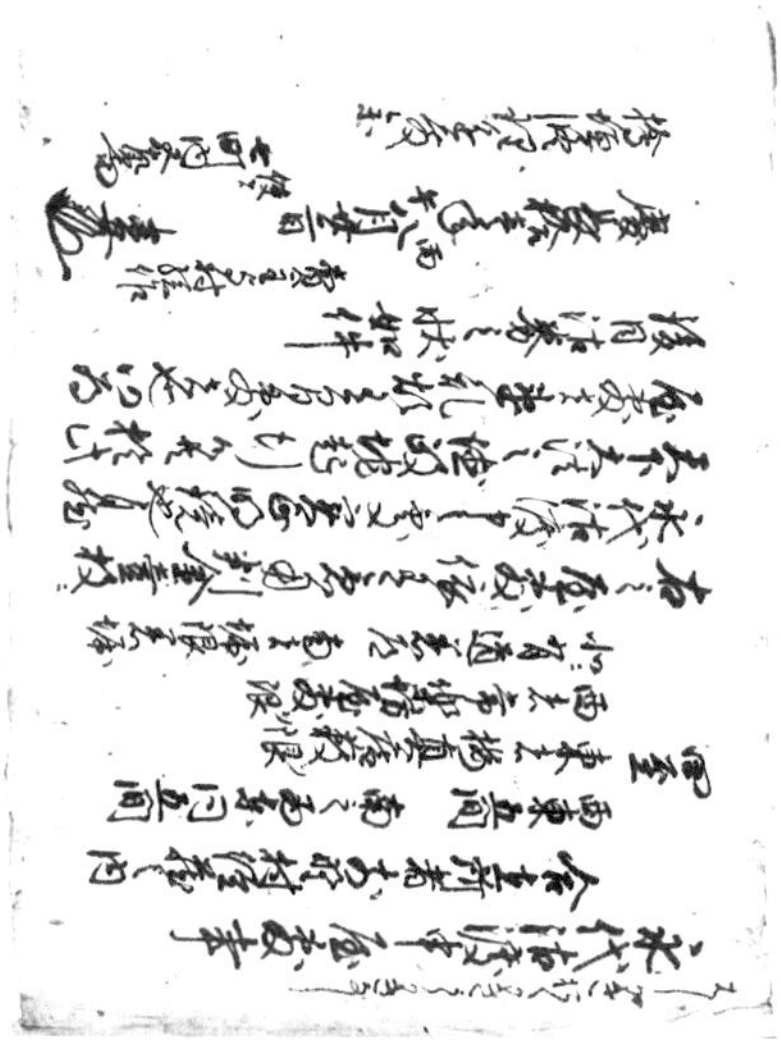

一九、与村末安屋敷売券

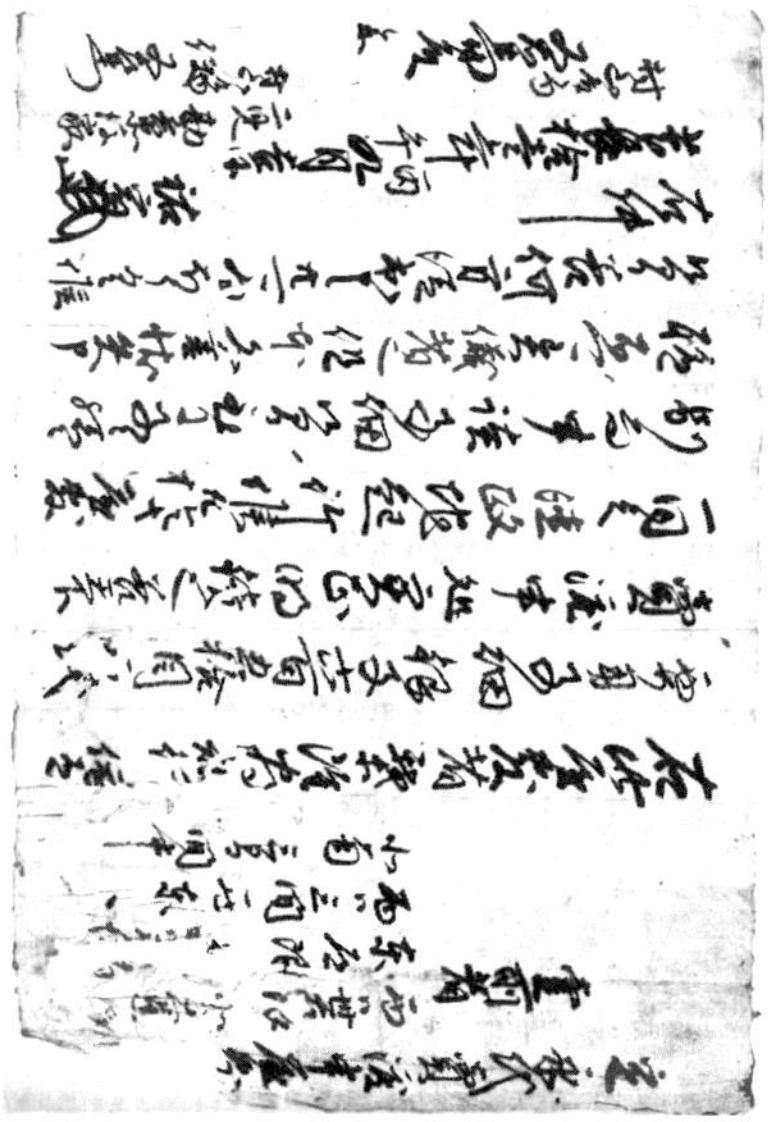

二〇、祐宥屋敷売券

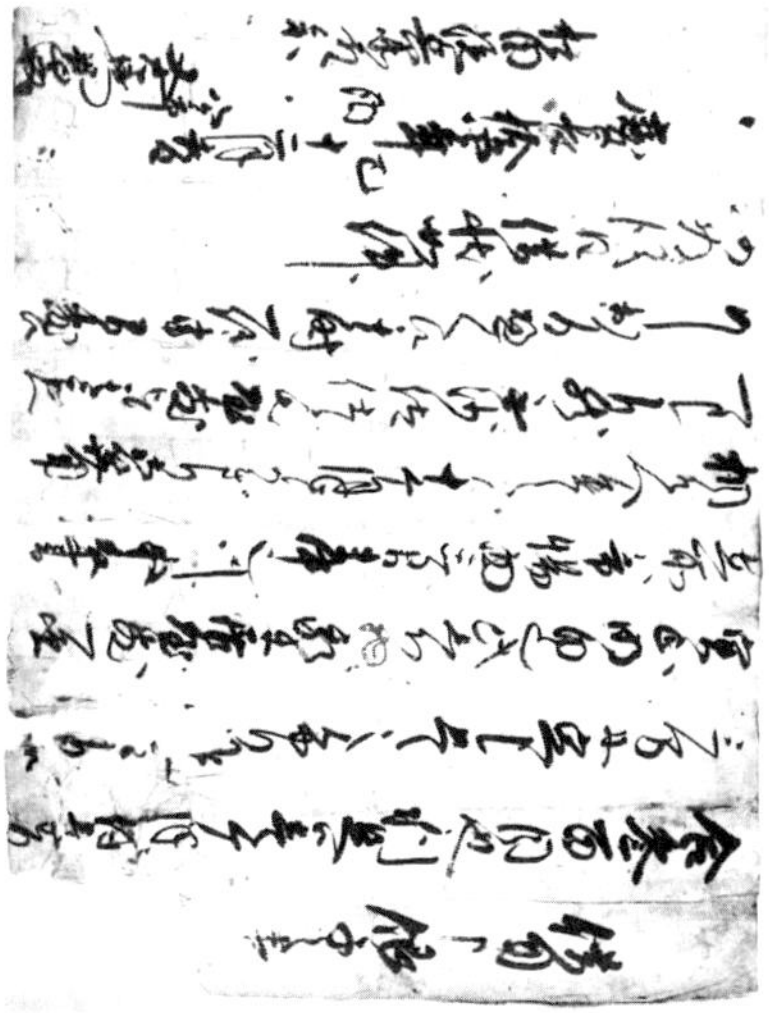

二二、又右衛門尉吉正銀子借用状

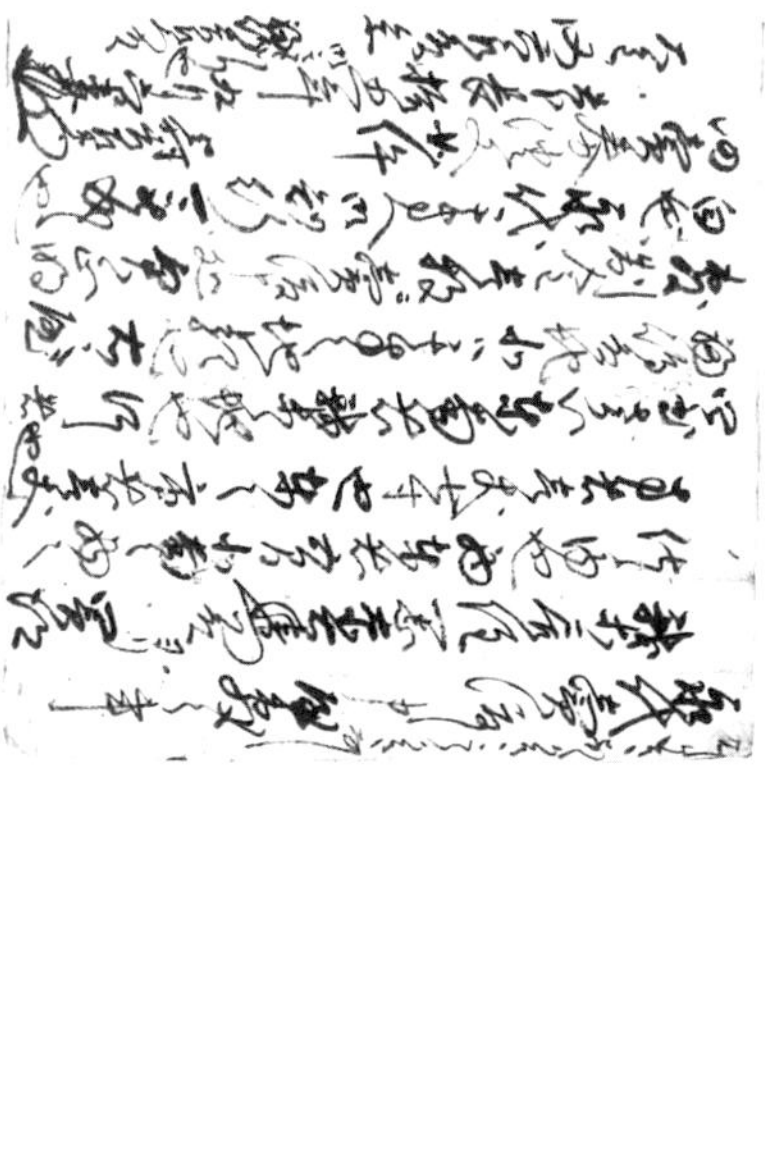

二三、与村末安屋敷売券

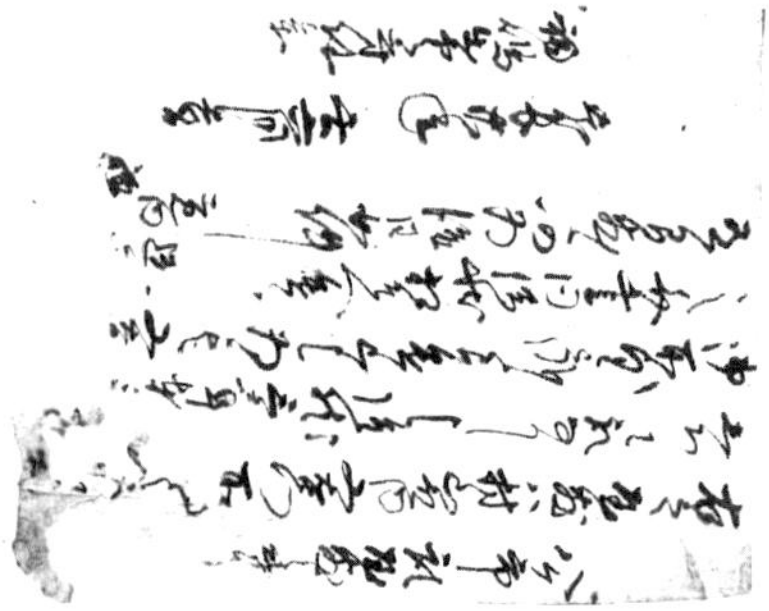

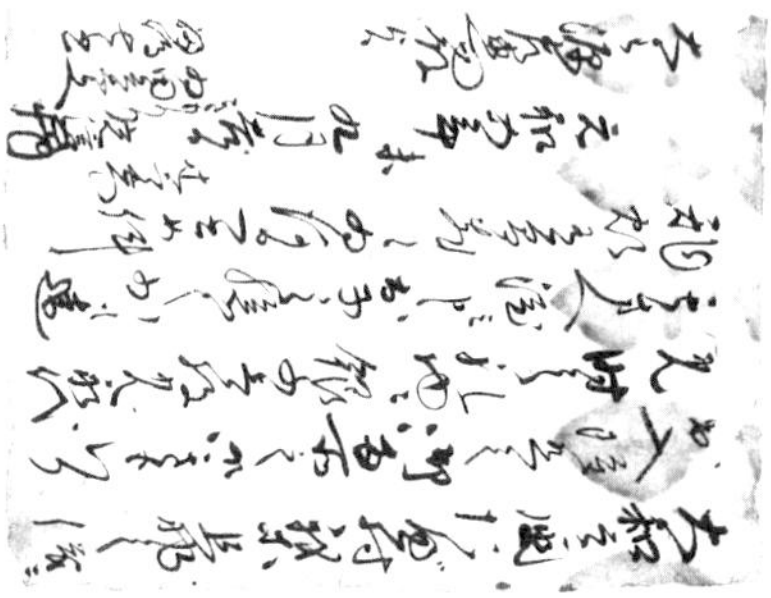

二三―一、辻光信道者売券

二三―二、某八ヶ市座屋敷一札

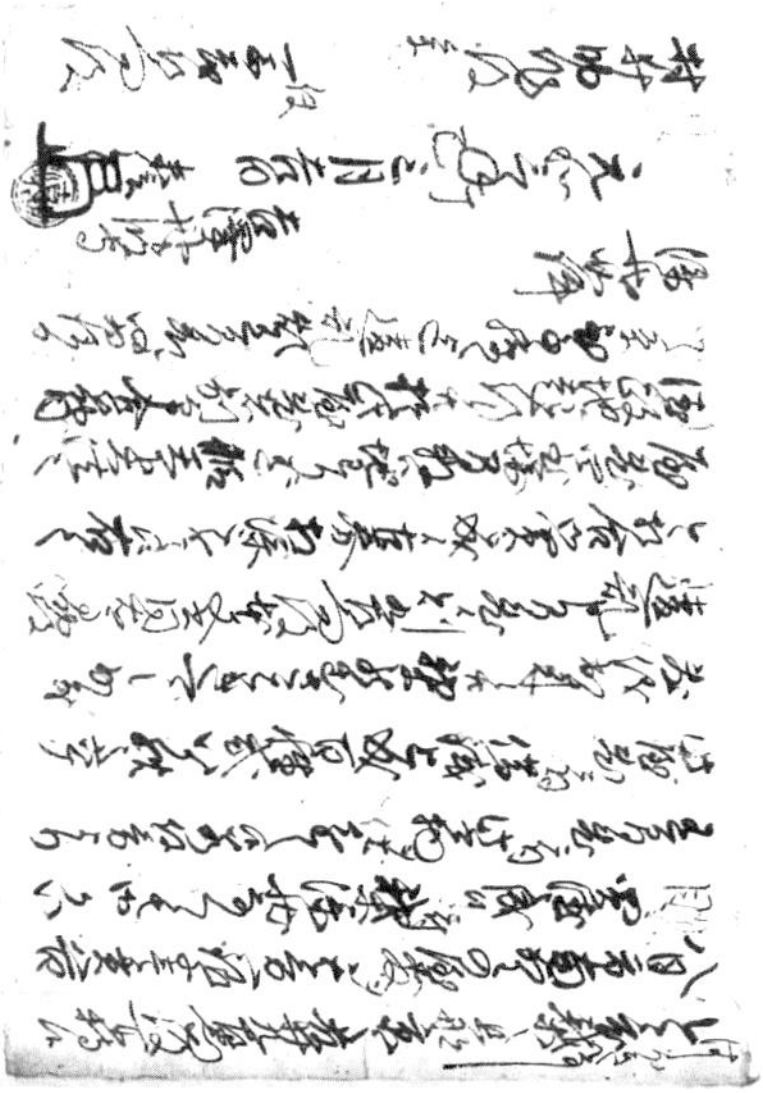

二四、吉沢末信添状

二五、藤井九左衛門屋敷売券

二六、福嶋某目安写

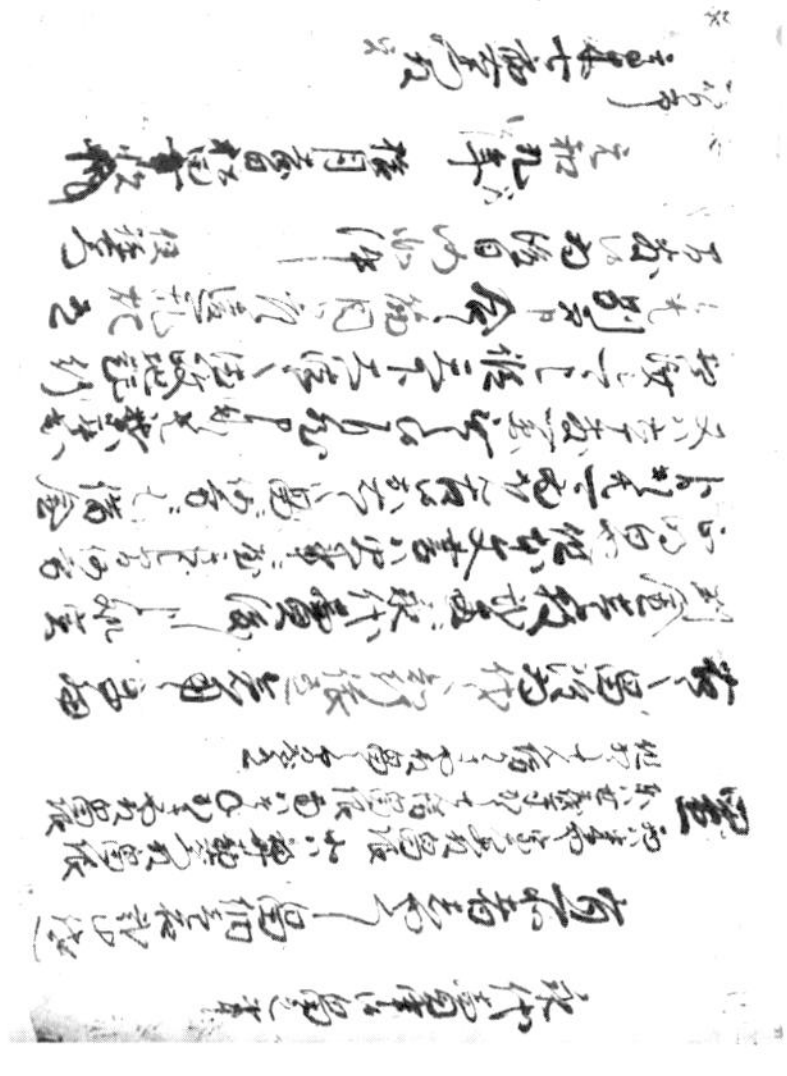

二七、松田幸悦畠地売券

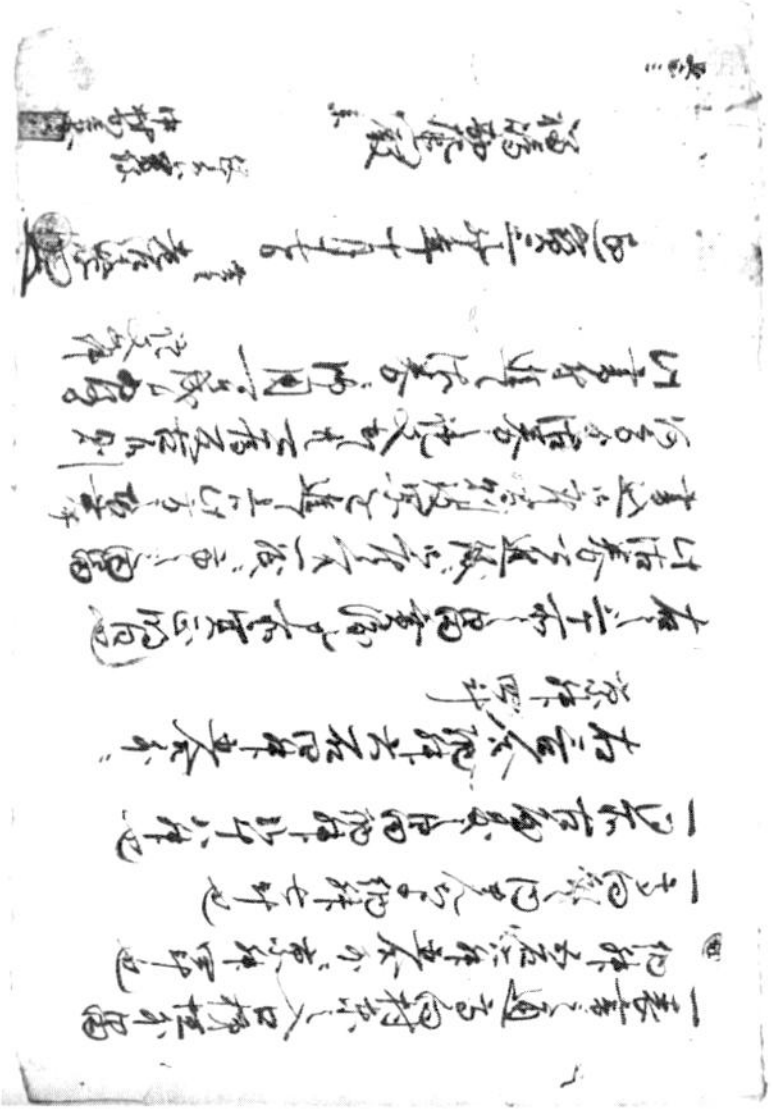

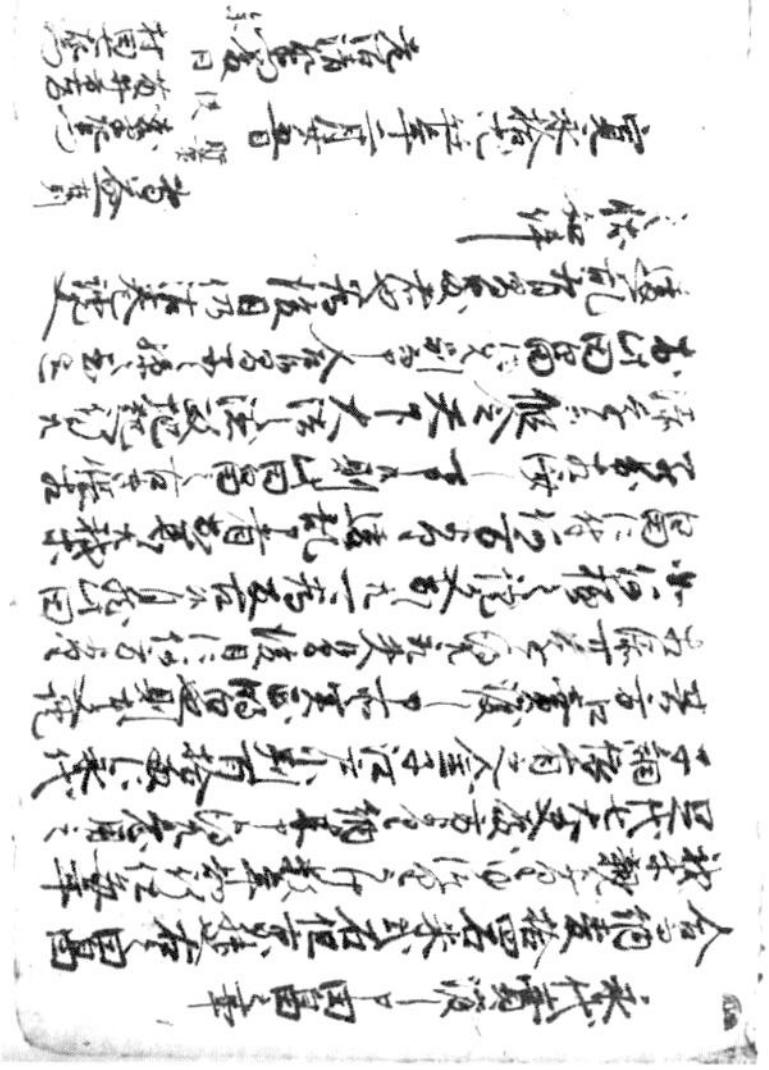

二八、専益田畠地売券写

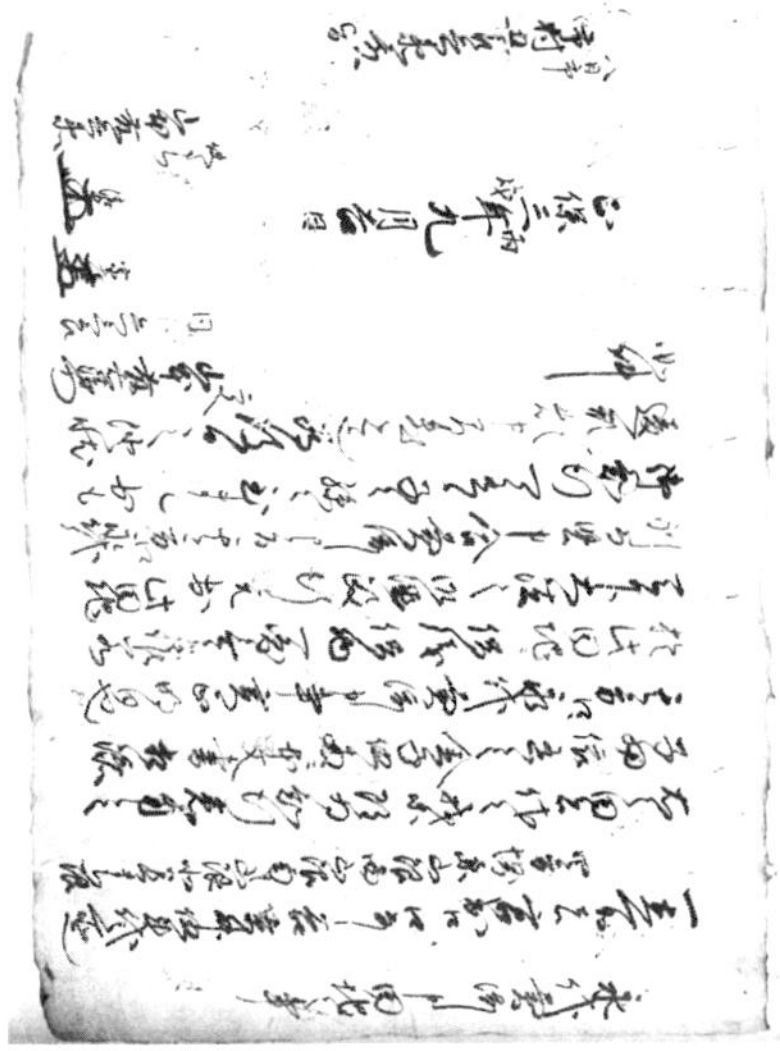

二九、山本宗広・同清長連署田地売券

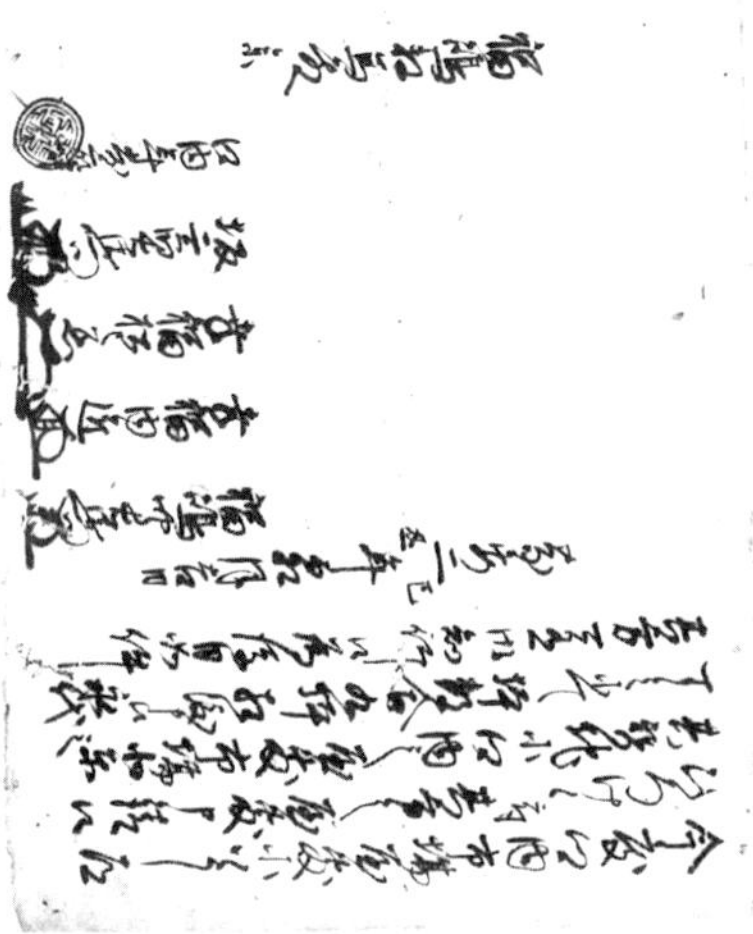

三〇、福嶋四郎右衛門尉等屋敷替地証文

三一、福嶋数馬屋敷替地請取証文写

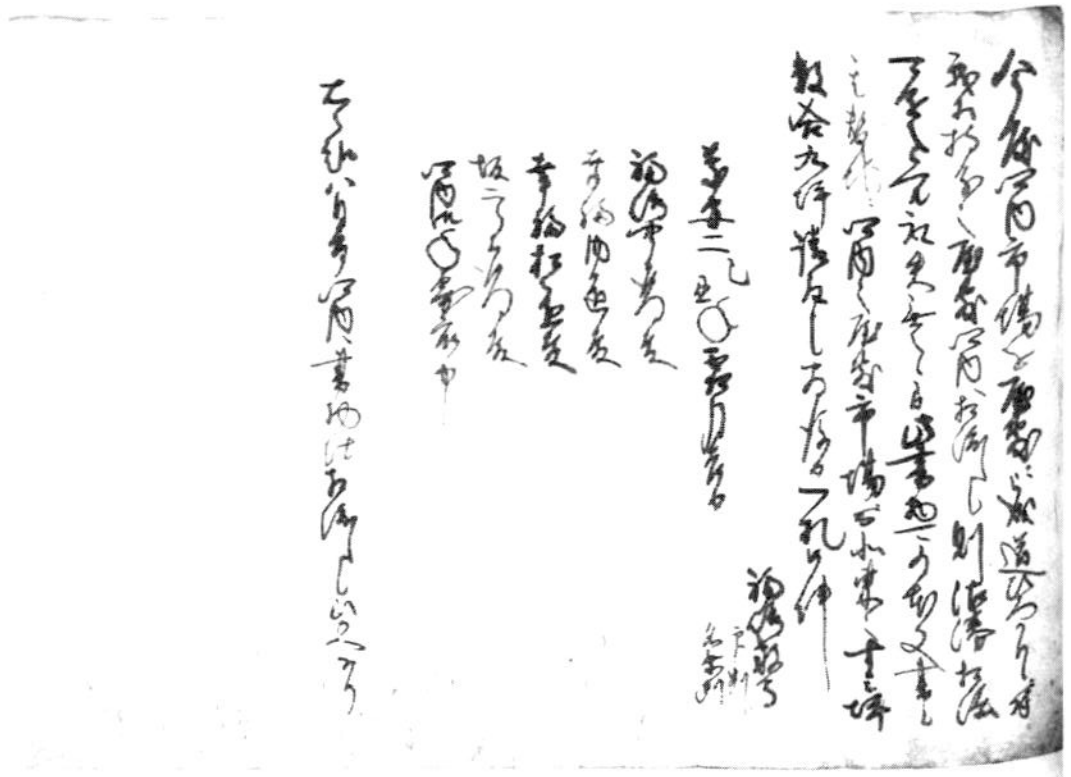

三二、河上味右衛門・同新九郎金子請取証文

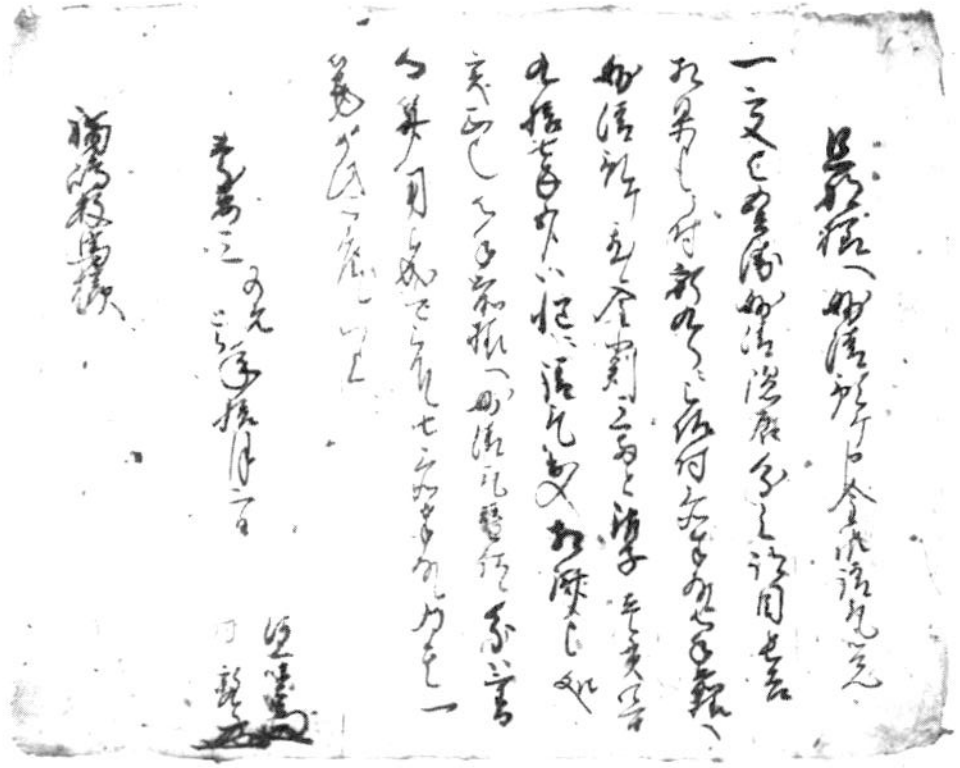

三三、河上味右衛門・同武右衛門金子預り証文

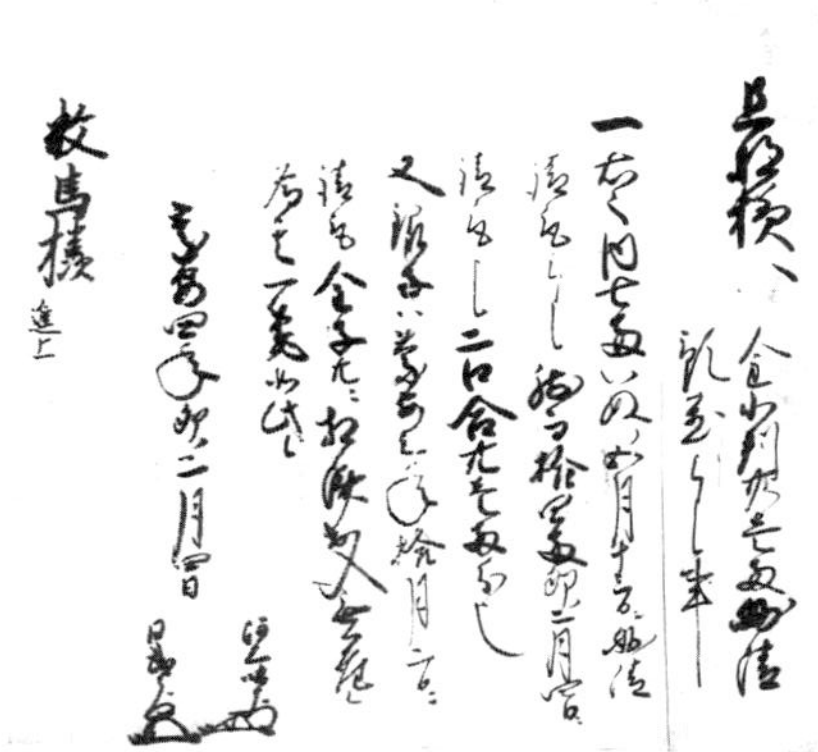

三四—一、福嶋末吉屋敷替地証文

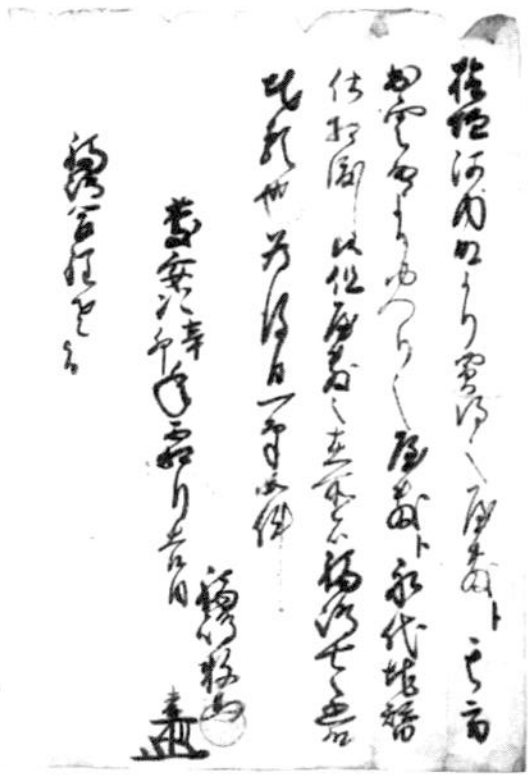

三四—二、河上忠頼屋敷御扶持一札

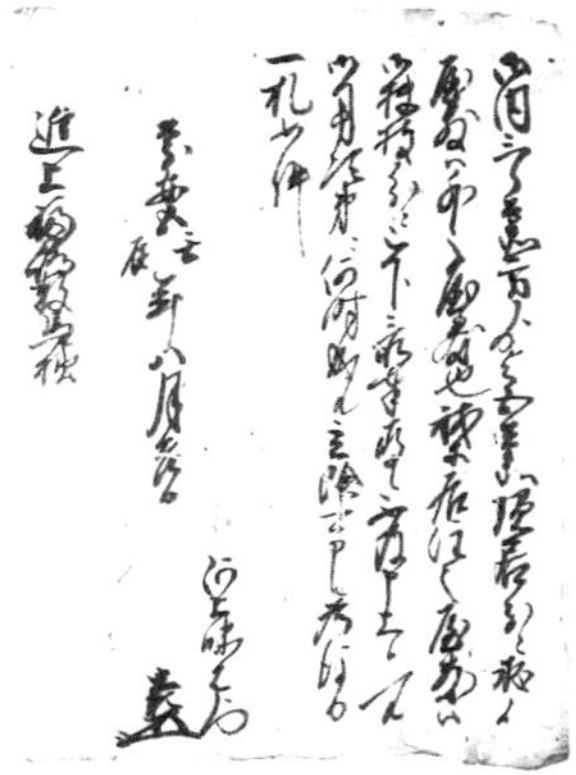

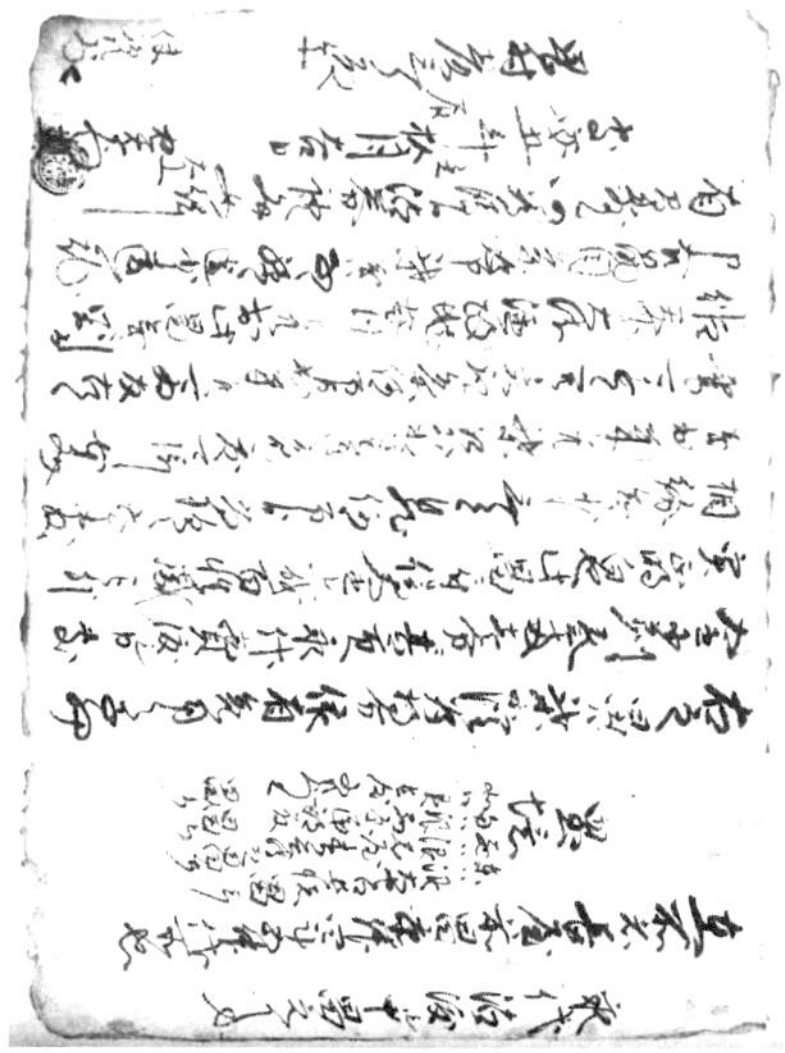

三五、大工忠右衛門畠地売券

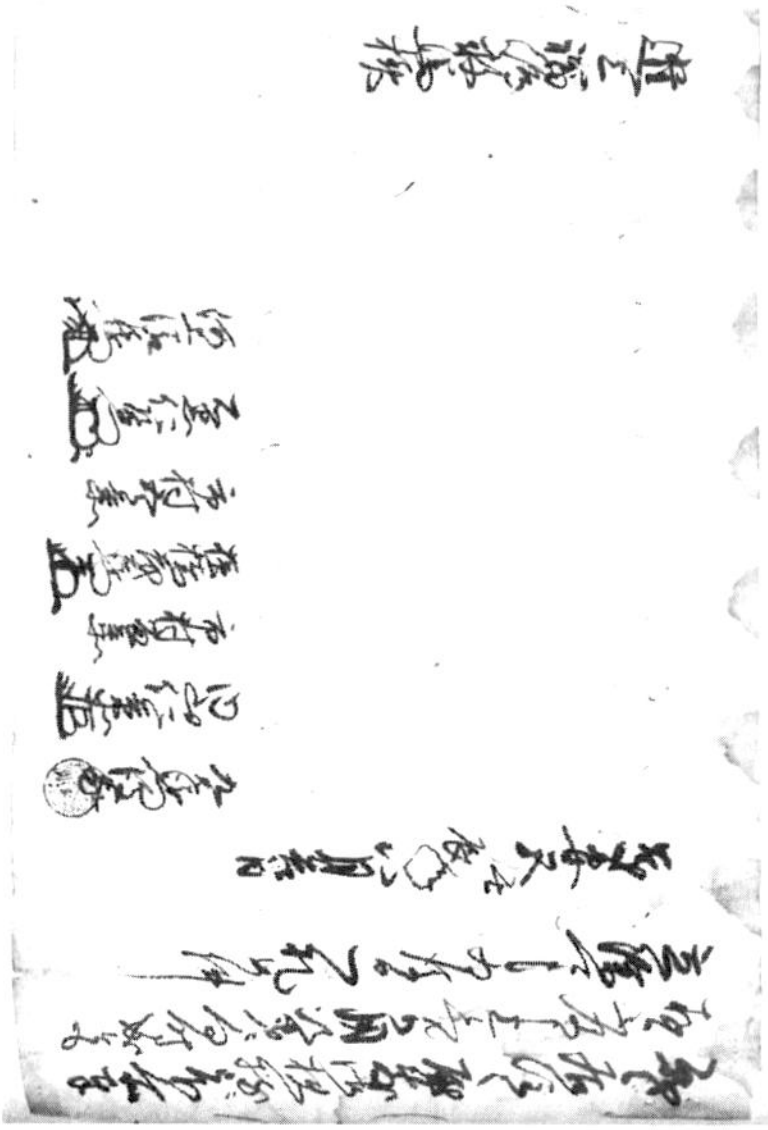

三六、九右衛門後家等屋敷御扶持一札

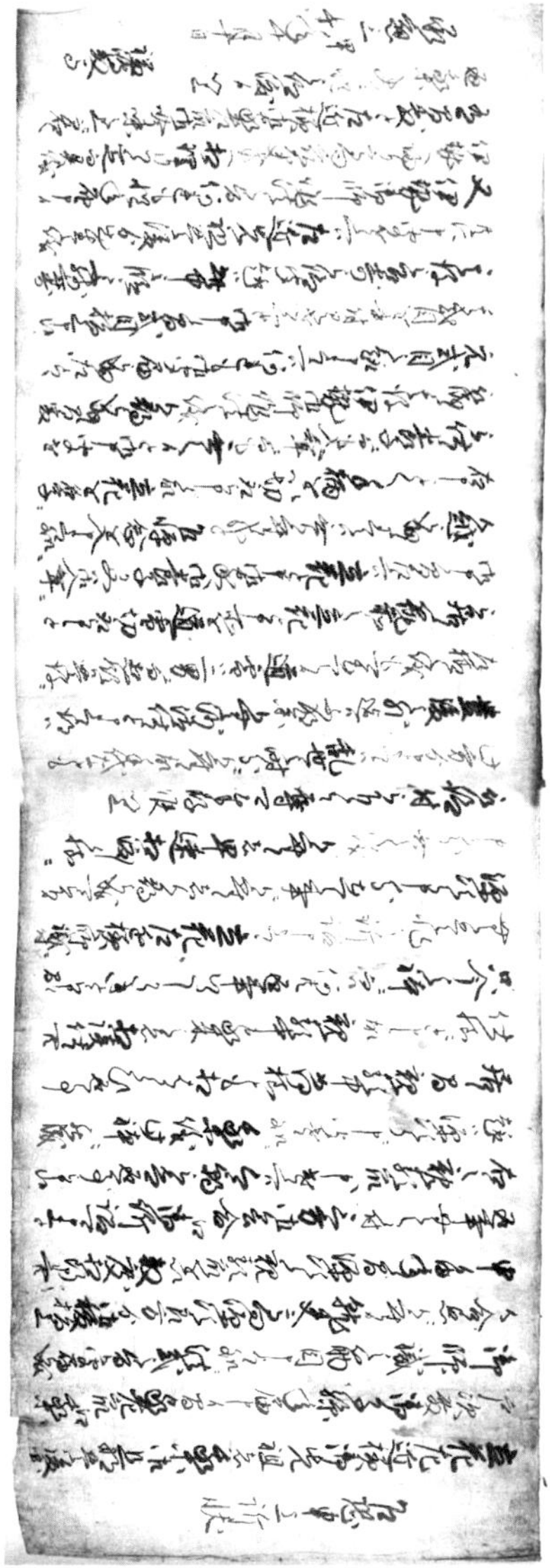

三七、福嶋数馬訴状案

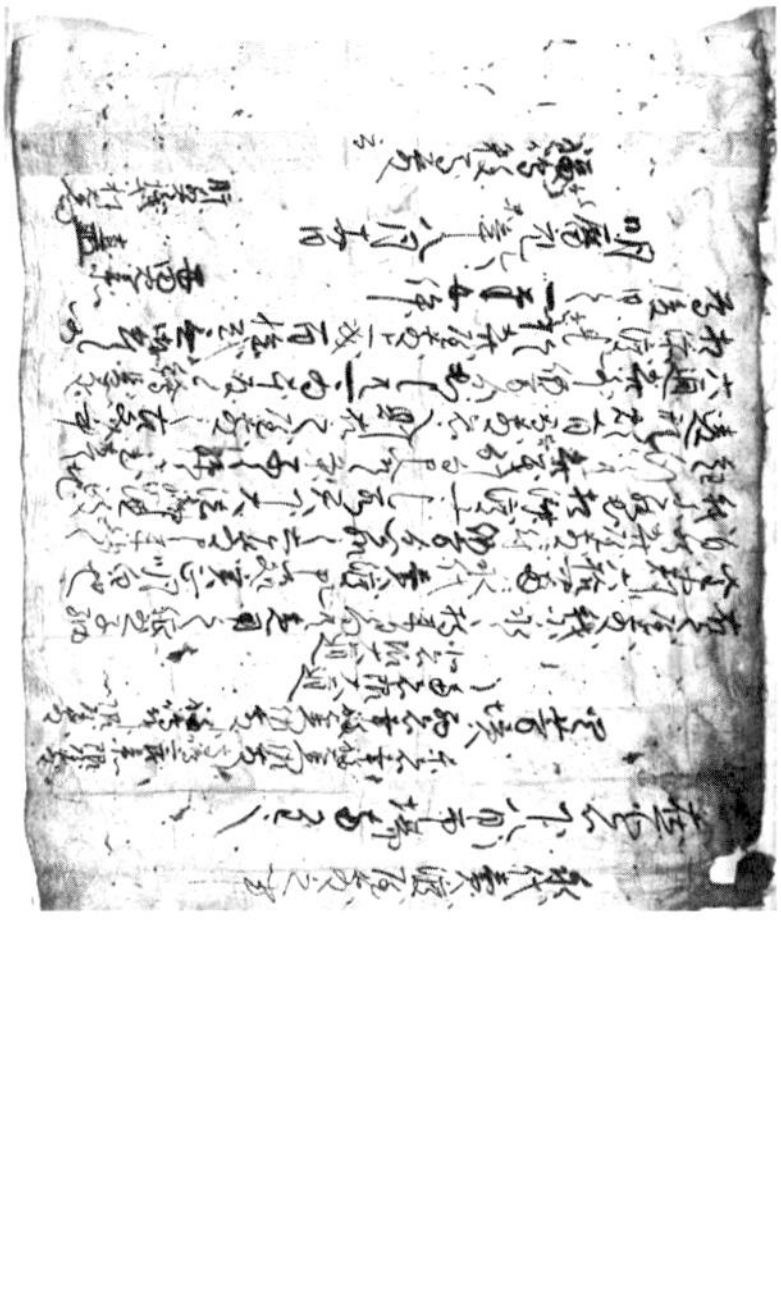

三八、安田忠兵衛屋敷売券

三九、与村末嘉屋敷売券

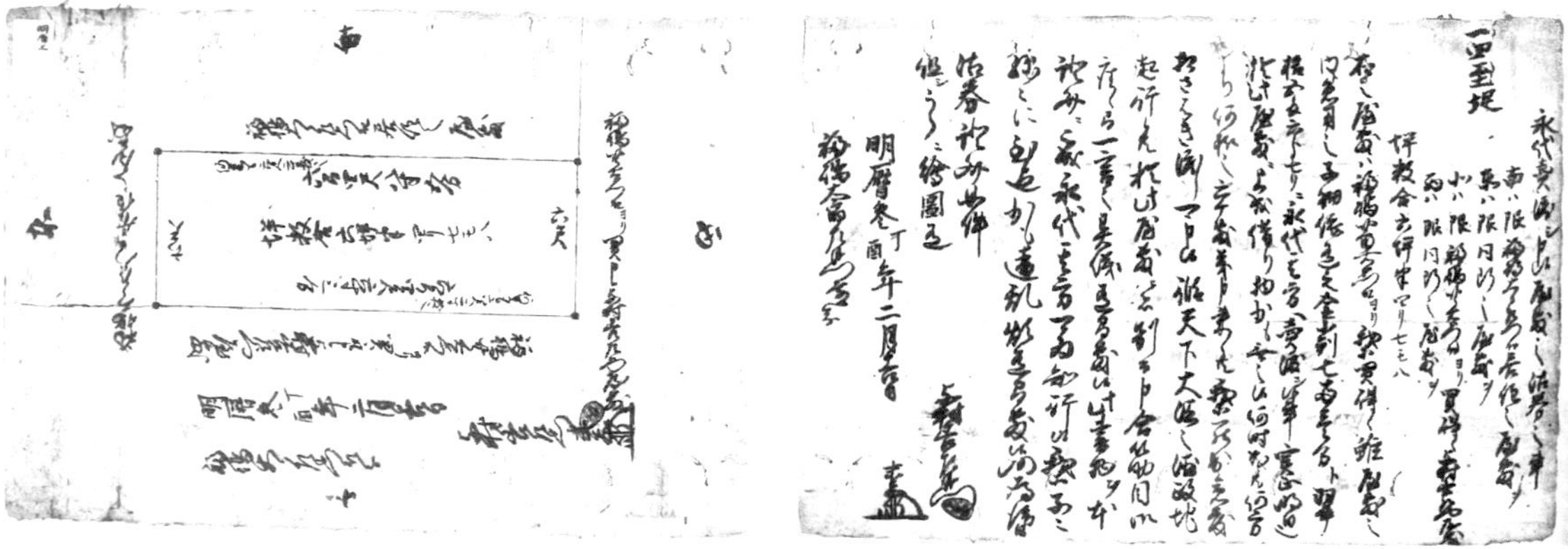

四〇―一、三万院門中金子請取証文
四〇―二、祓屋善三郎・同助十郎御扶持一札

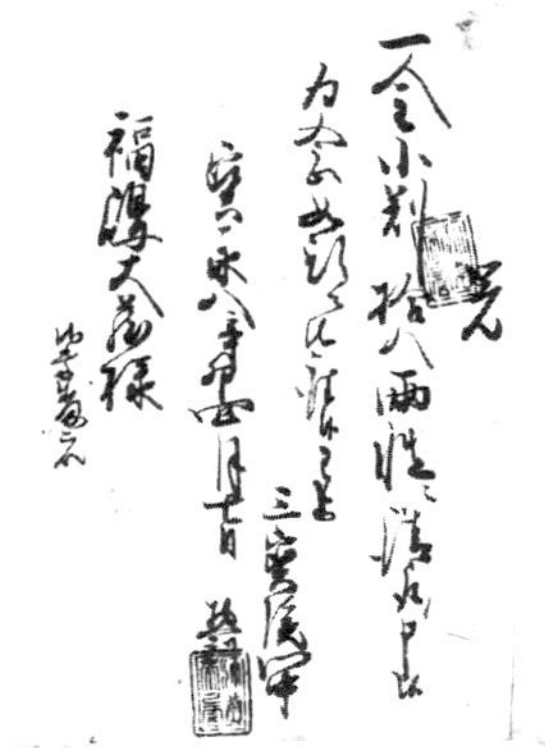

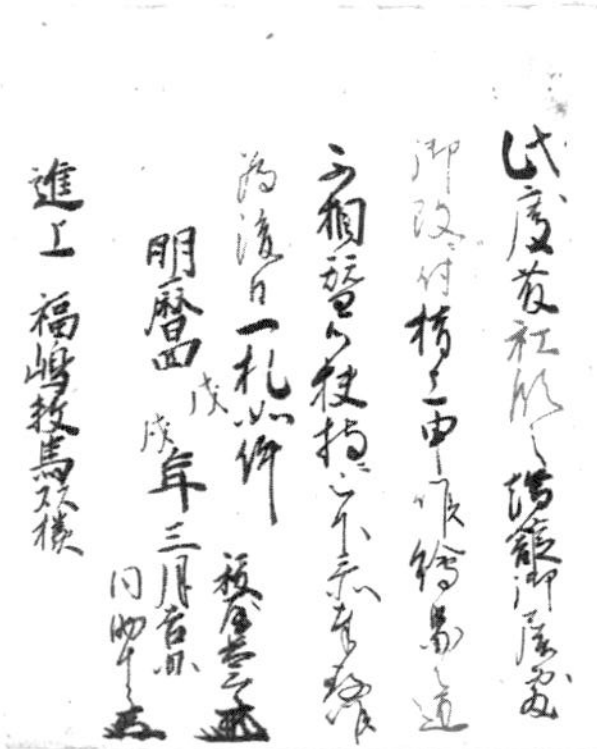

四一、中村甚兵衛聞書

四二—一、奥津九兵衛畠地預り証文

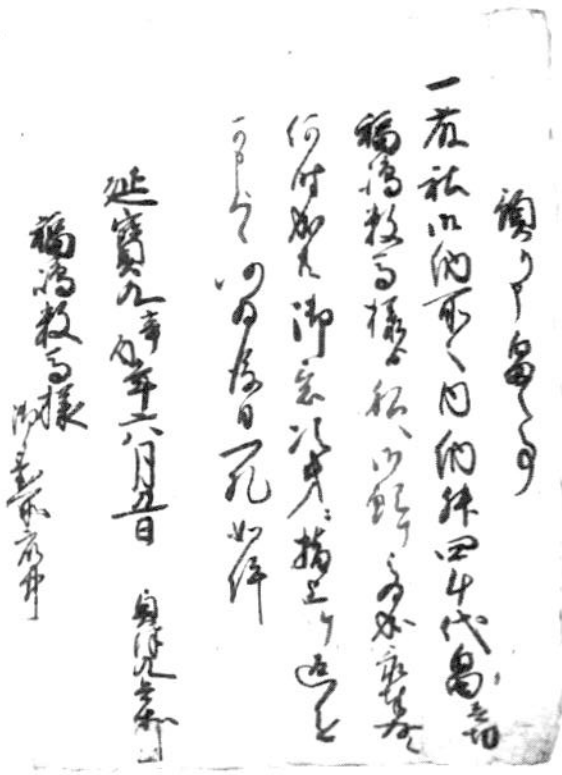

四二—二、田嶋次郎右衛門・同九郎兵衛金子取替証文

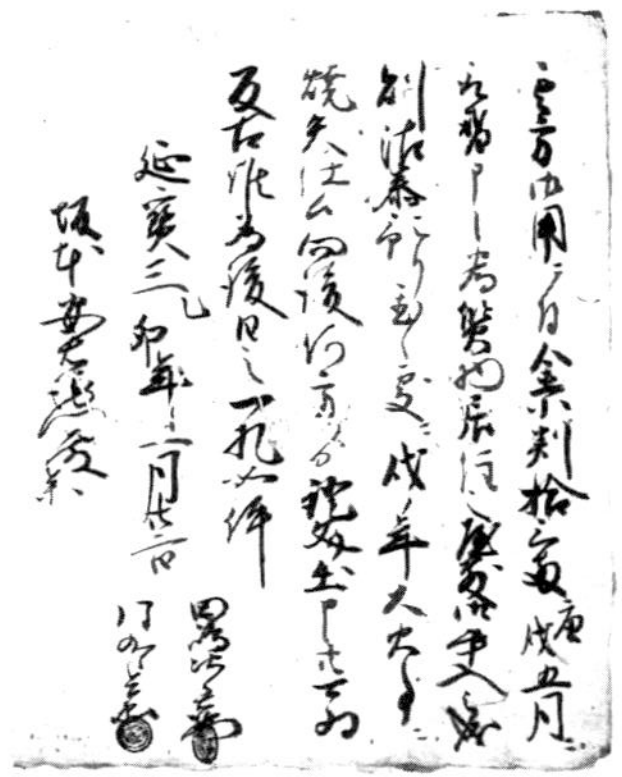

四三、坂本吉明屋敷売券

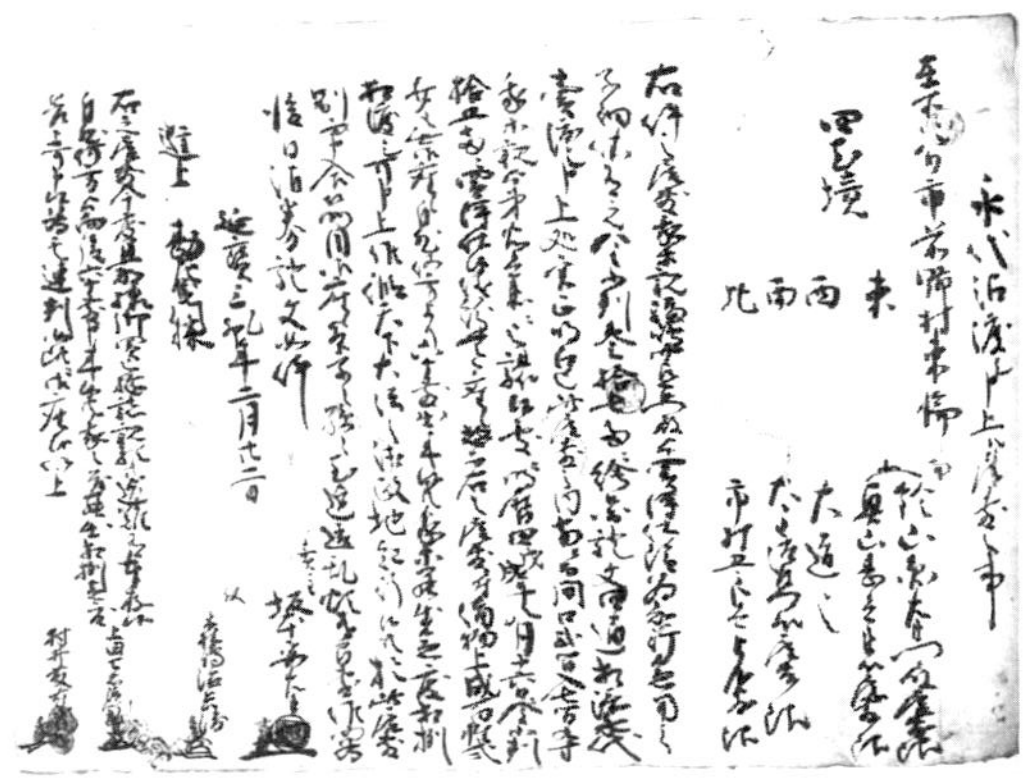

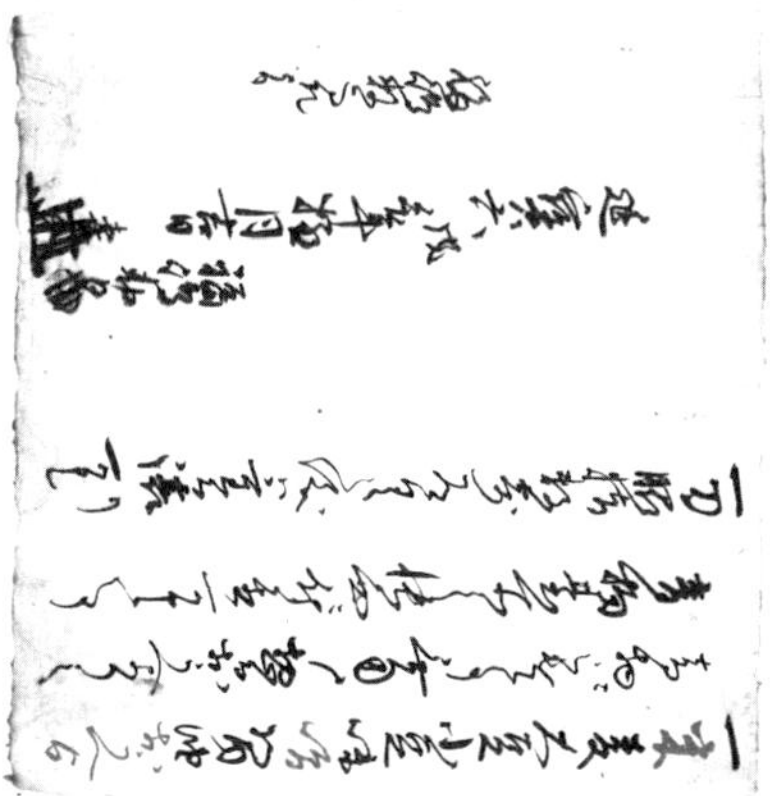

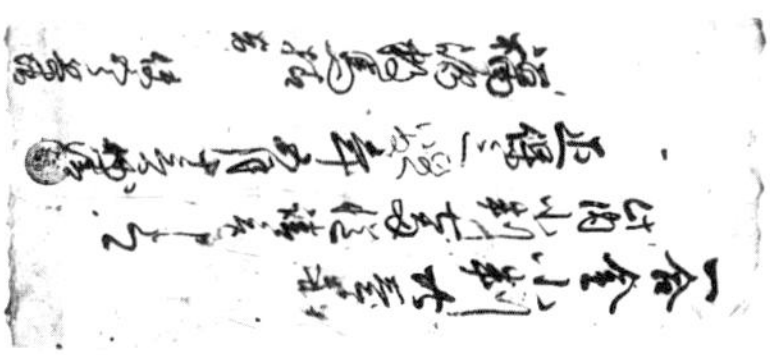

四四、松田新右衛門母・同後家金子請取証文

四五—一、妙清金子請取証文

四五—二、福嶋末吉音物等書付

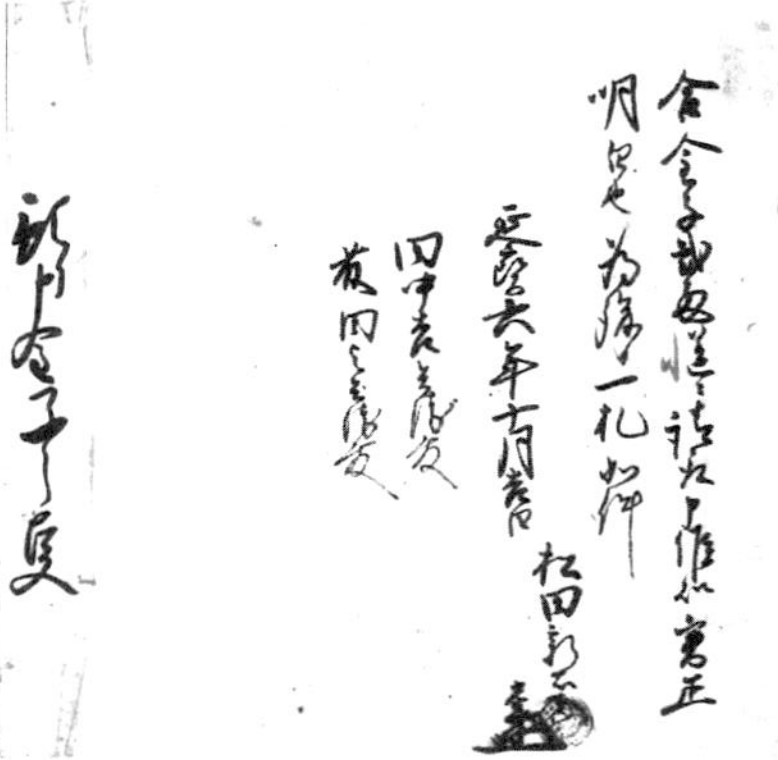

四六—一、松田光道金子請取証文

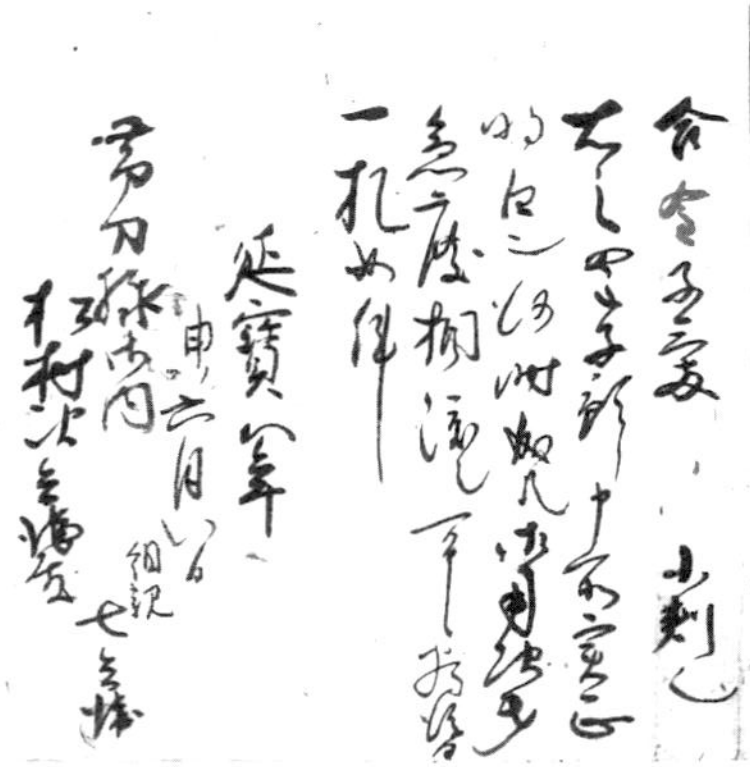

四六—二、七兵衛金子預り証文

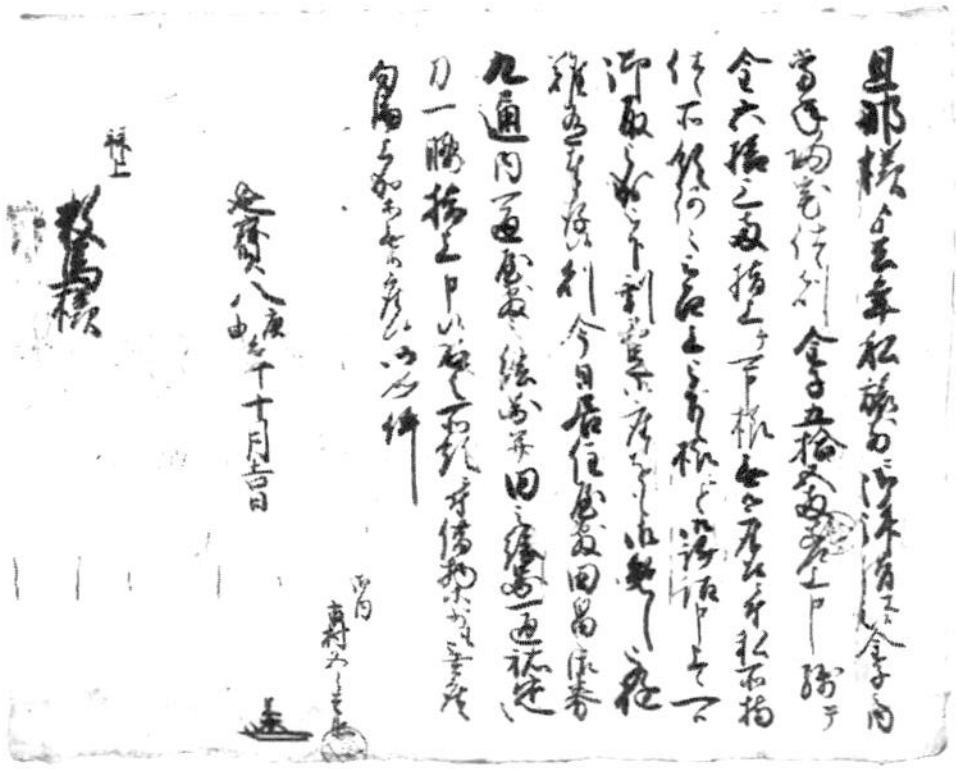

四七、市村光久所領指上書付

四八、上村九右衛門金子紛失一札

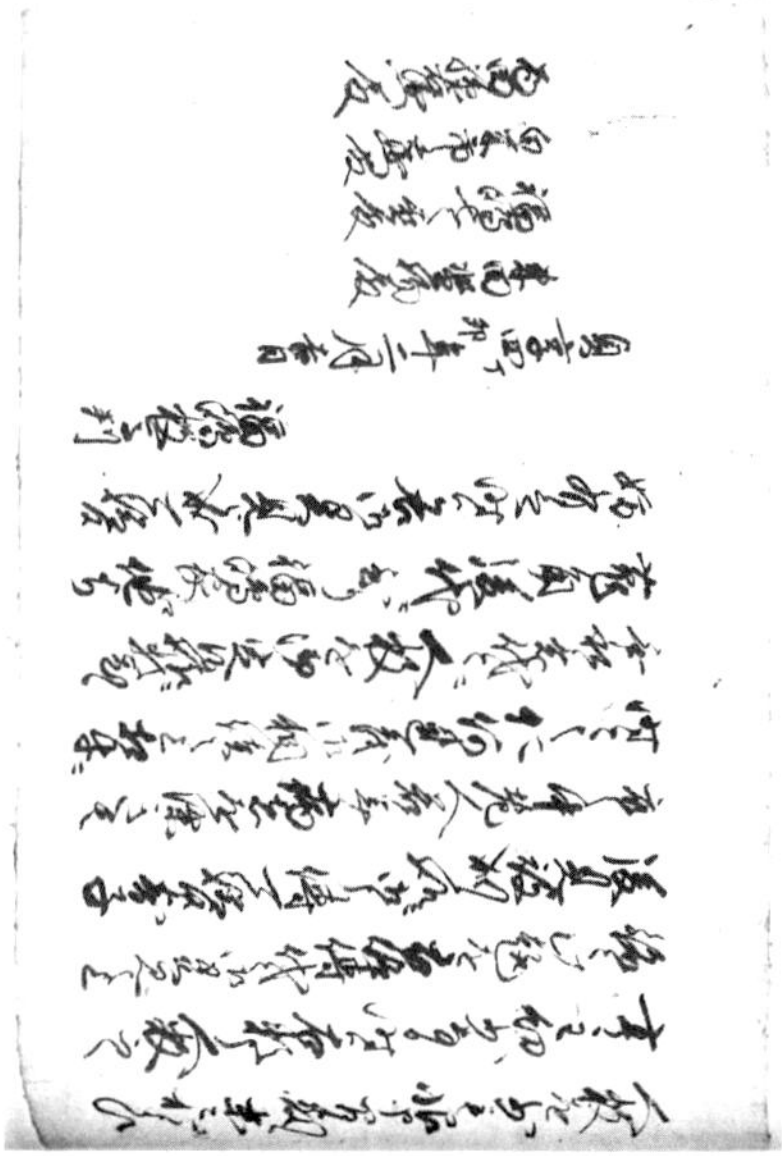

四九、福嶋数馬書置写

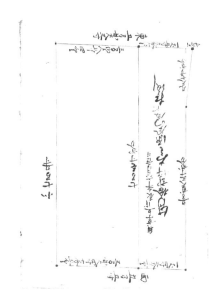

五〇、屋敷絵図

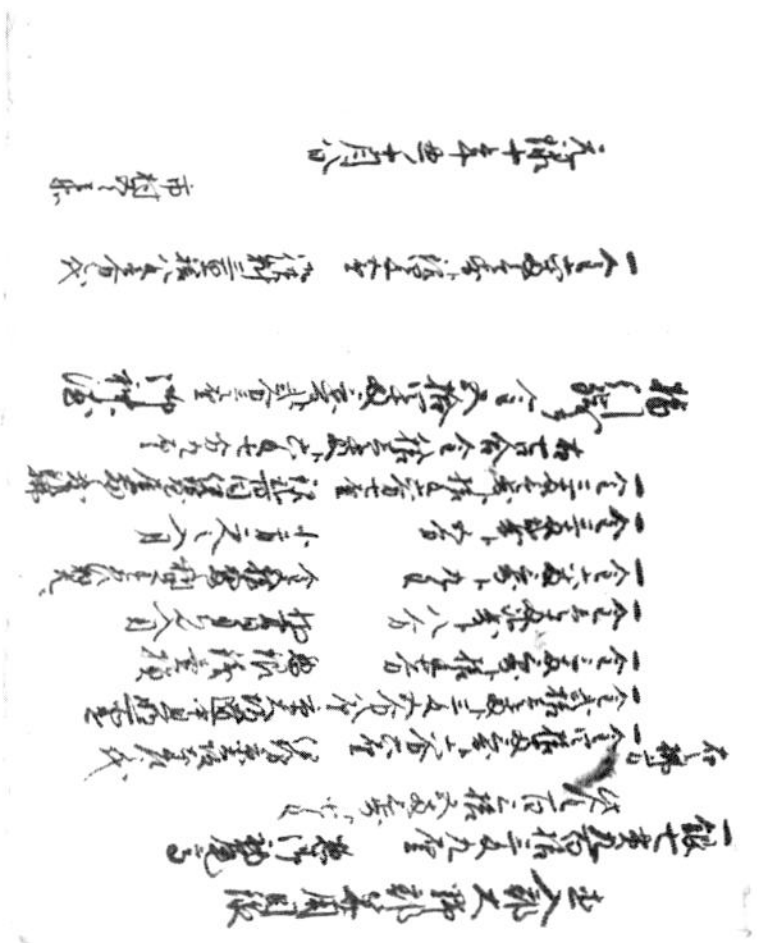

五一、豊後国直入郡大野郡算用目録

五二、市平銀子借用証文

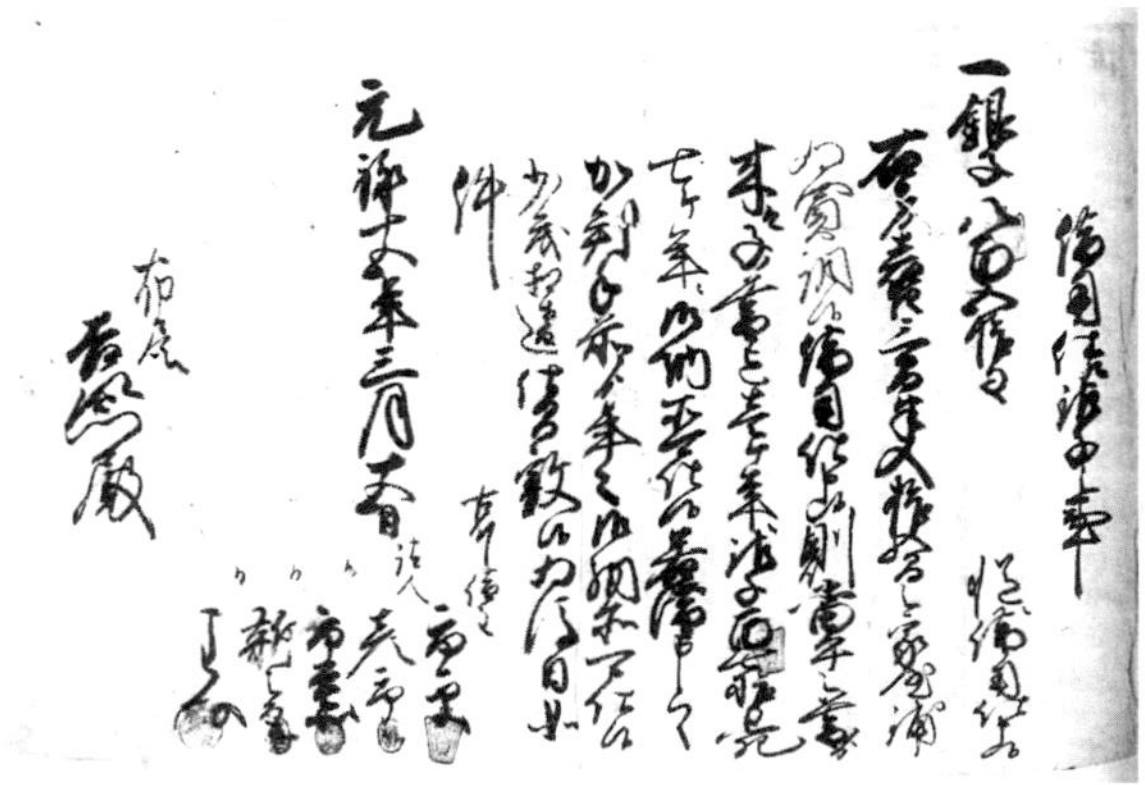

五三、某畠地売券案

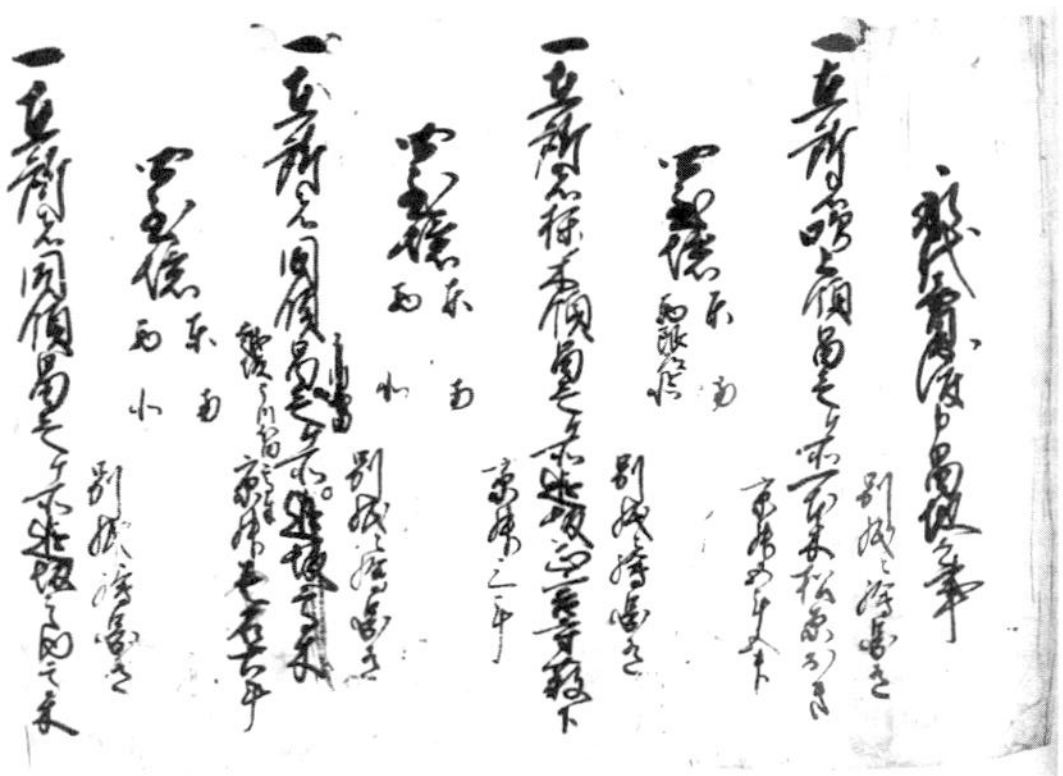

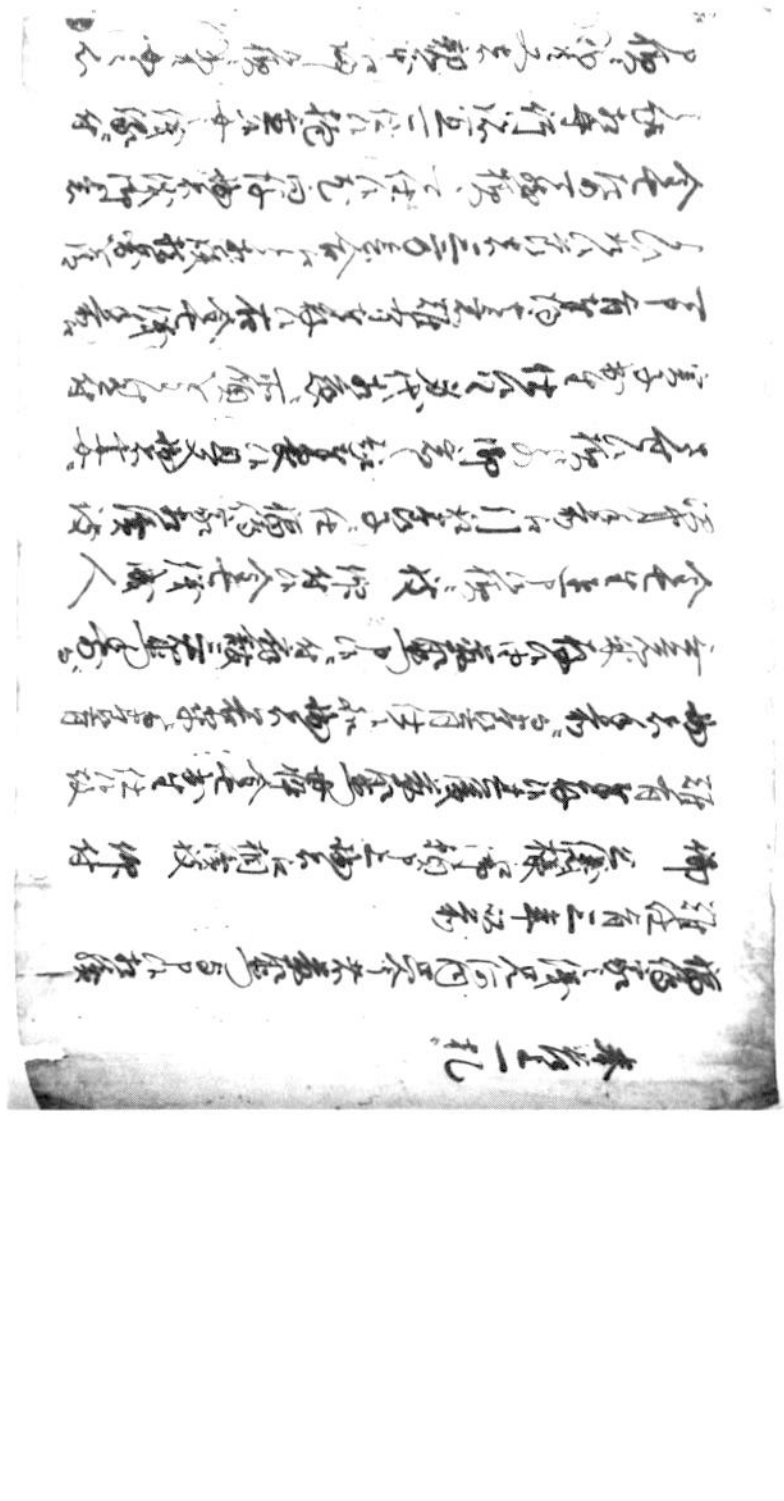

五四、福嶋家相続一札

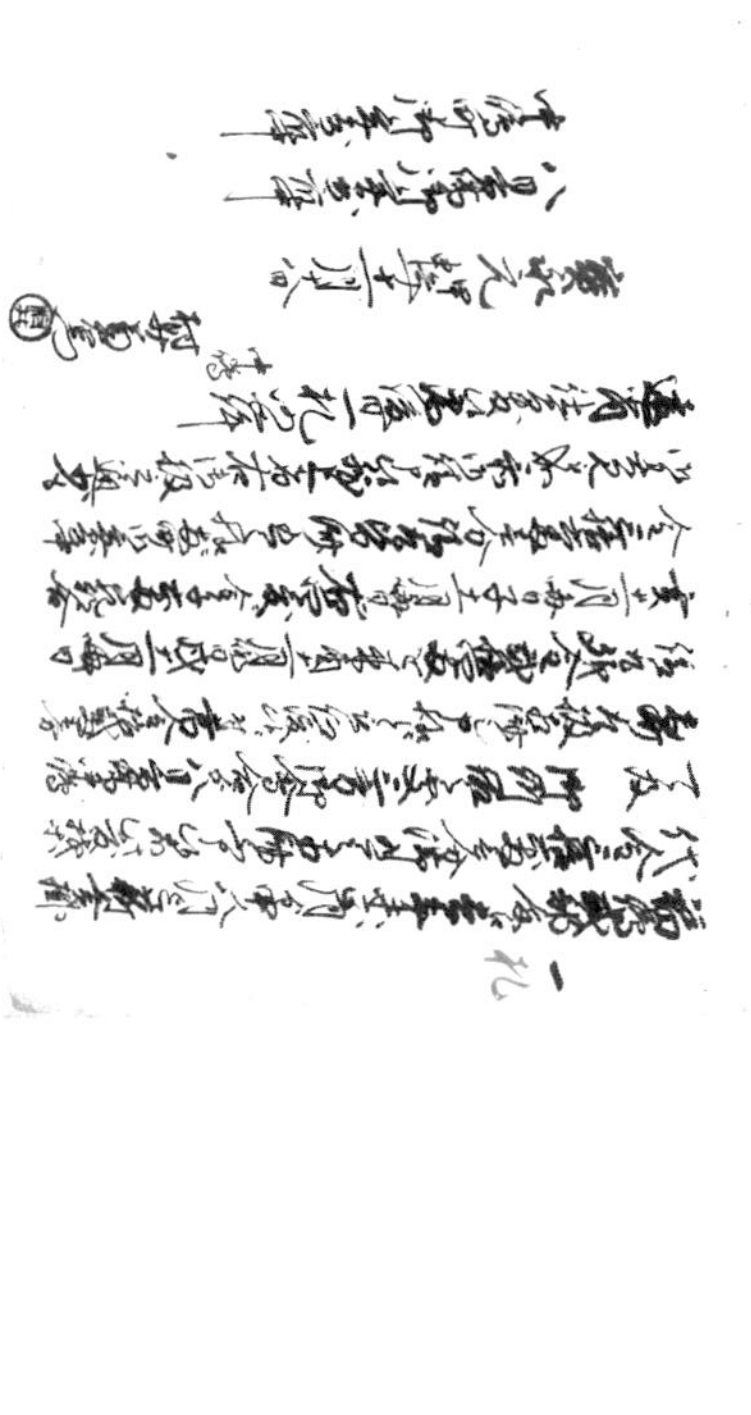

五五、村井菊右衛門一札

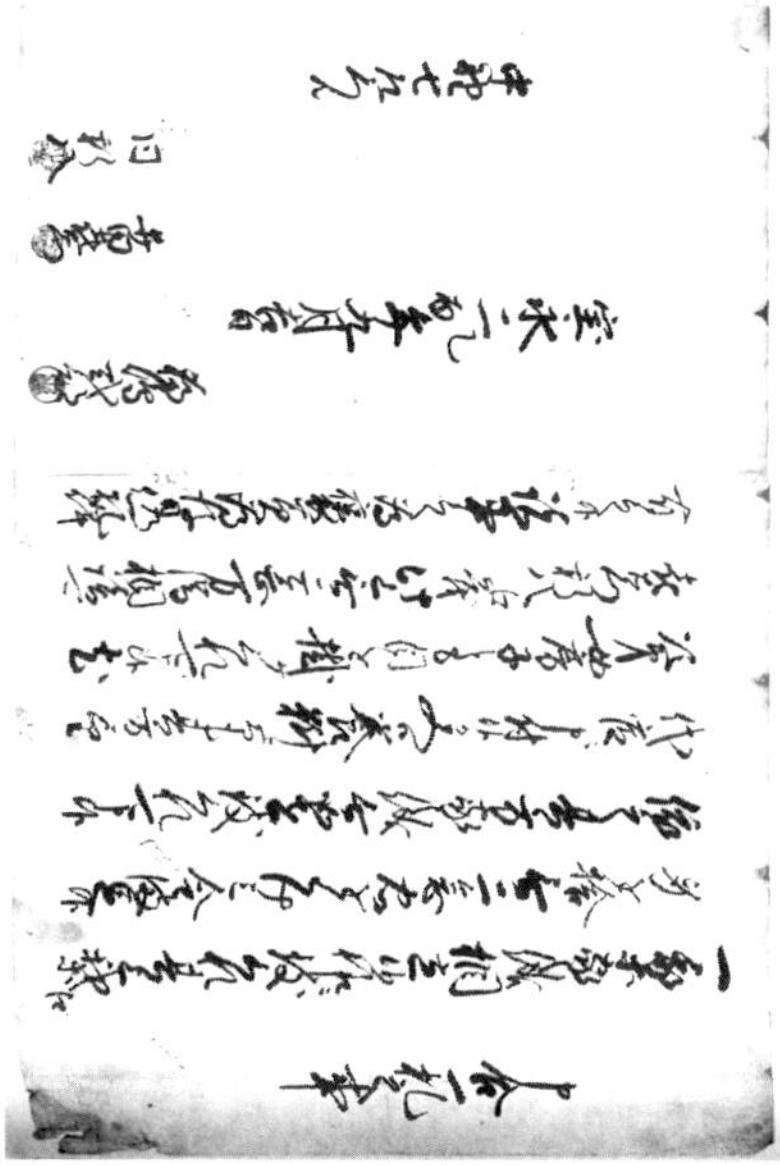

五六、福嶋式部等申合一札

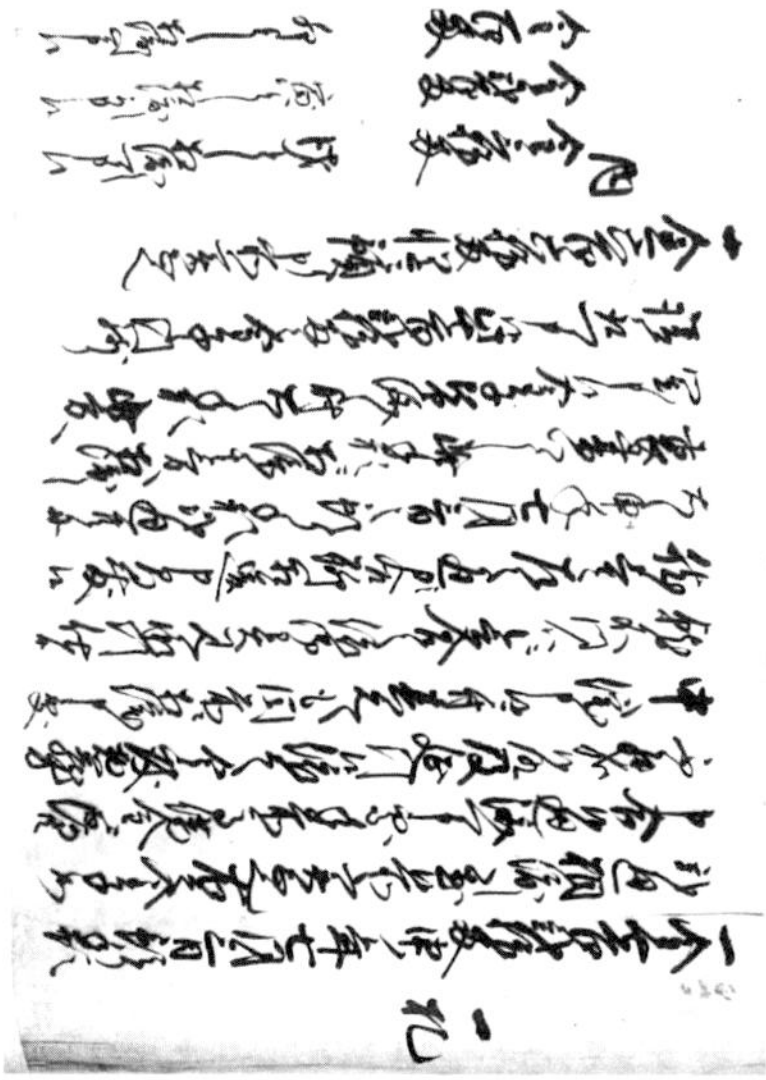

五七、某金子預り証文

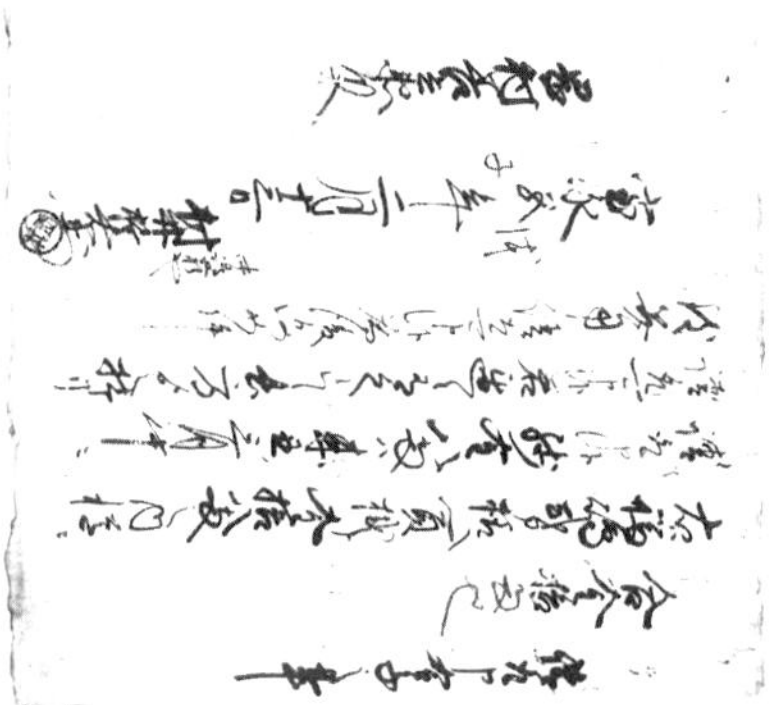

五八、村井権右衛門金子請取証文

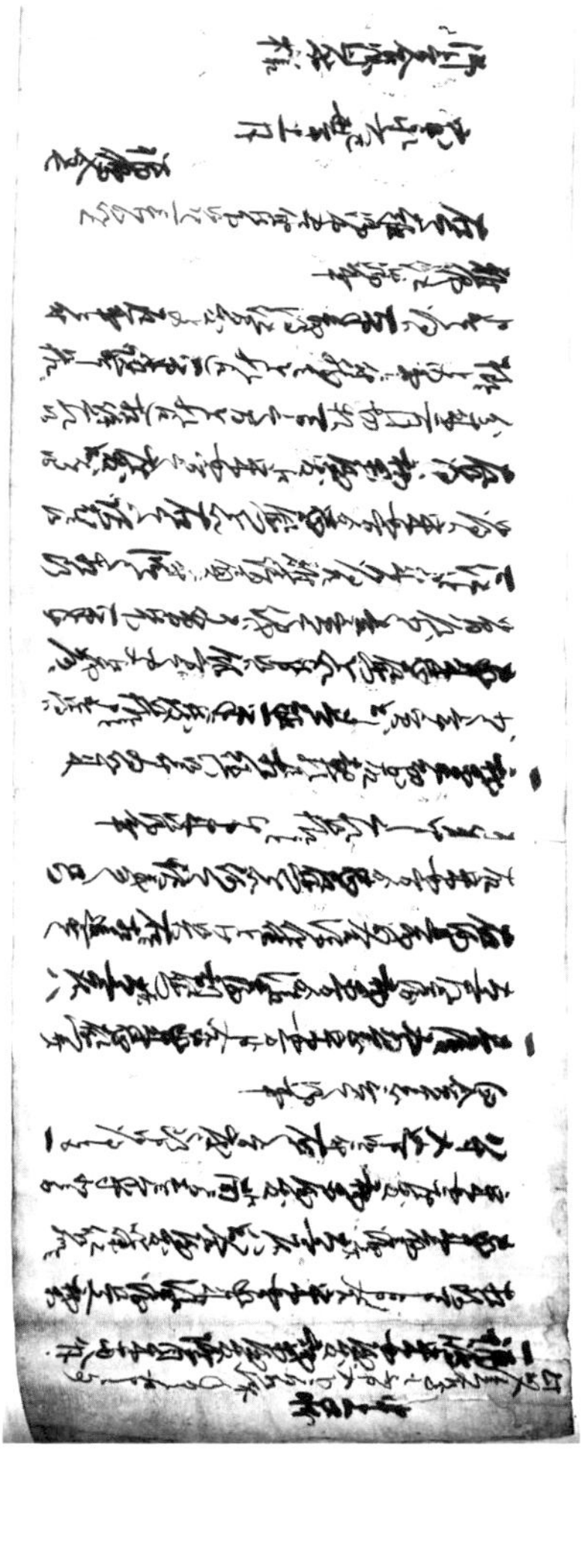

五九、福嶋金七口上写

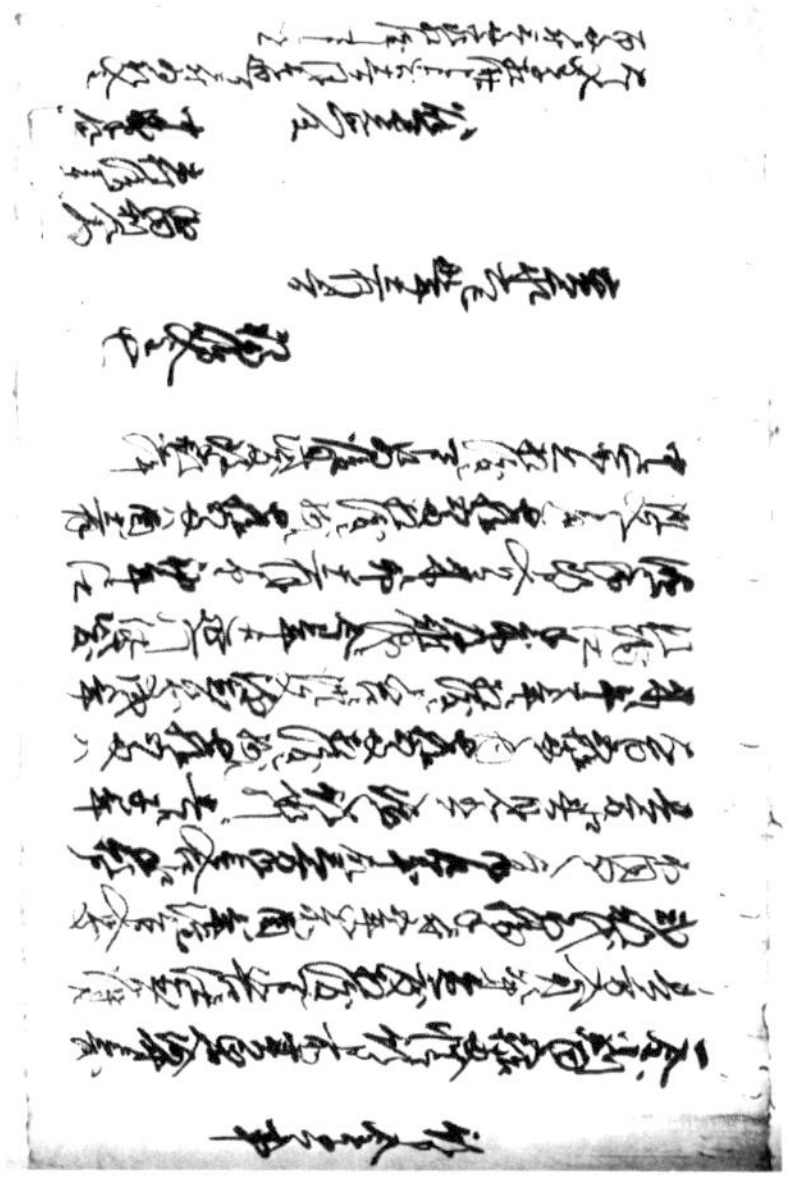

六〇、福嶋金七等金子預り証文

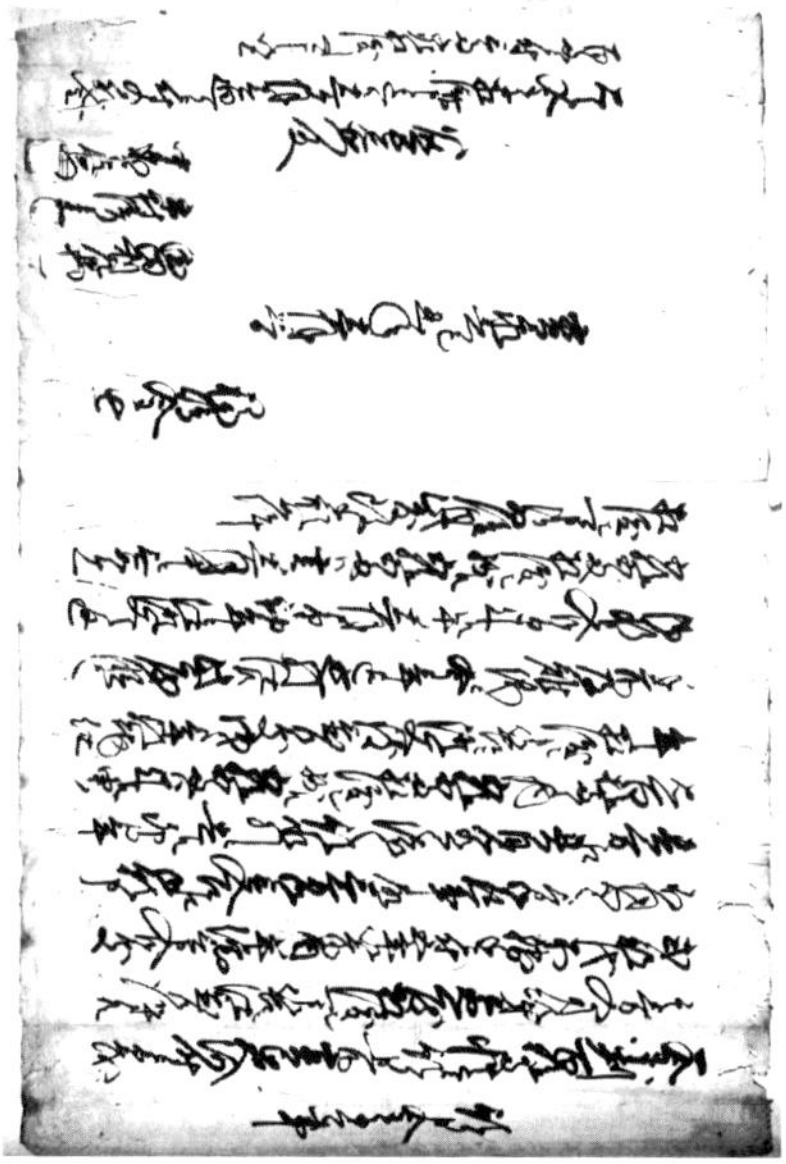

六一、福嶋金七等金子預り証文

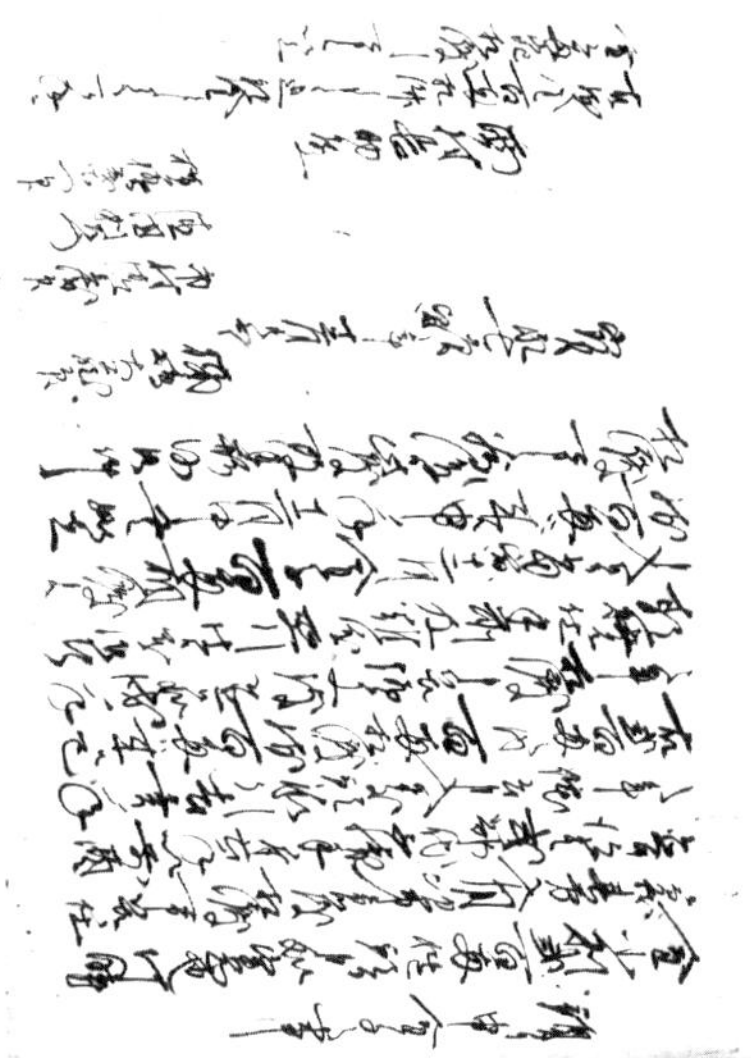

六二 福嶋大蔵等金子預り証文写

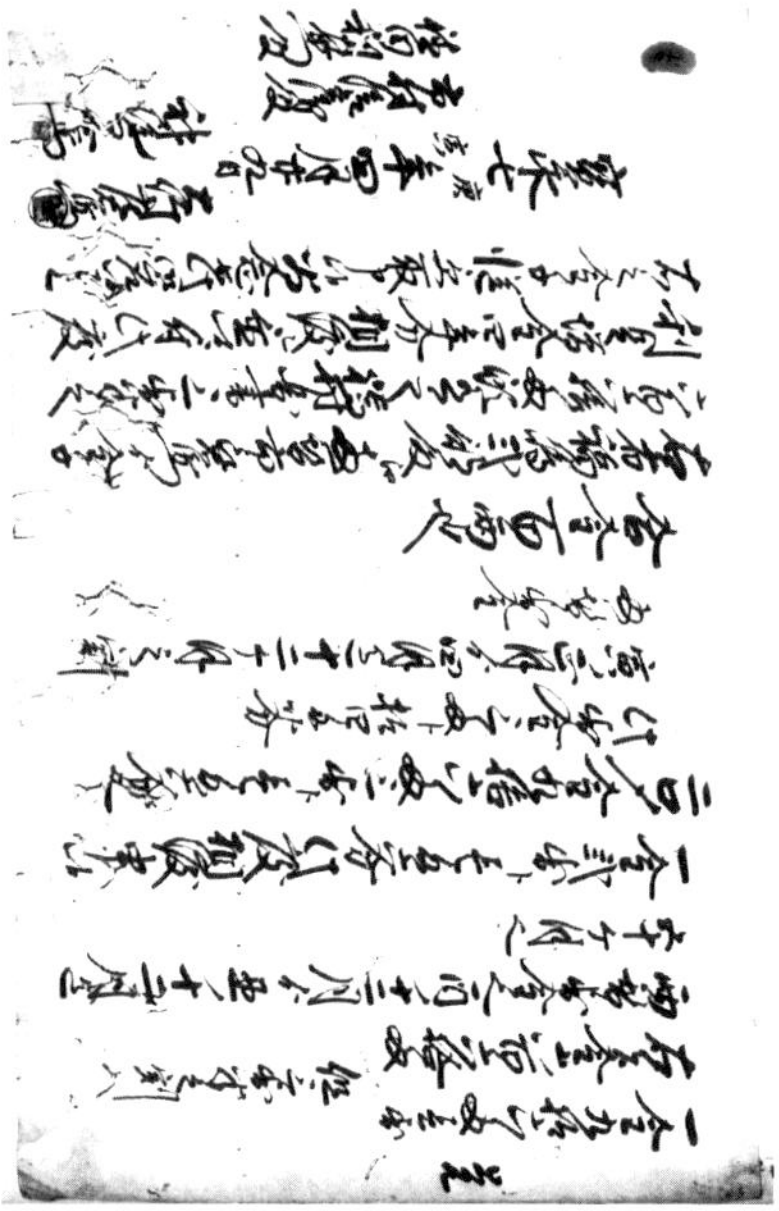

六三 大竹庄右衛門・神尾与八右衛門金子請取証文

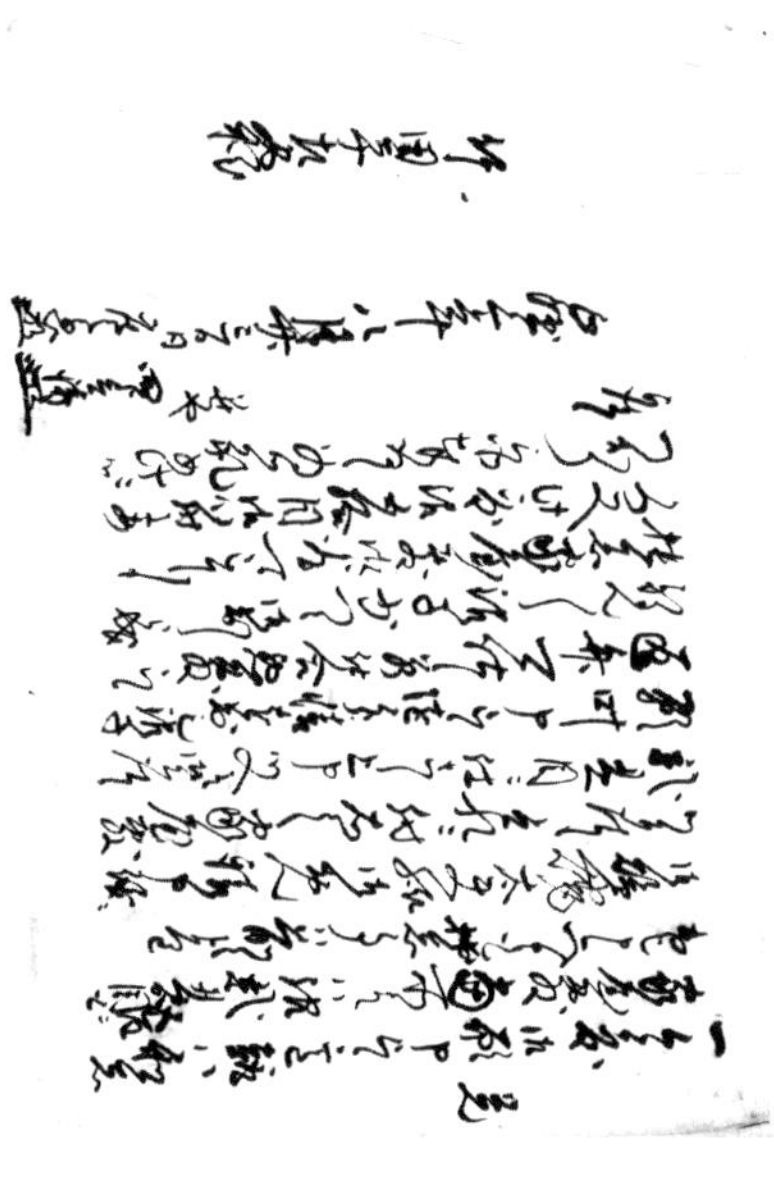

六四　いせや四郎兵衛・同庄之丞銀子請取証文

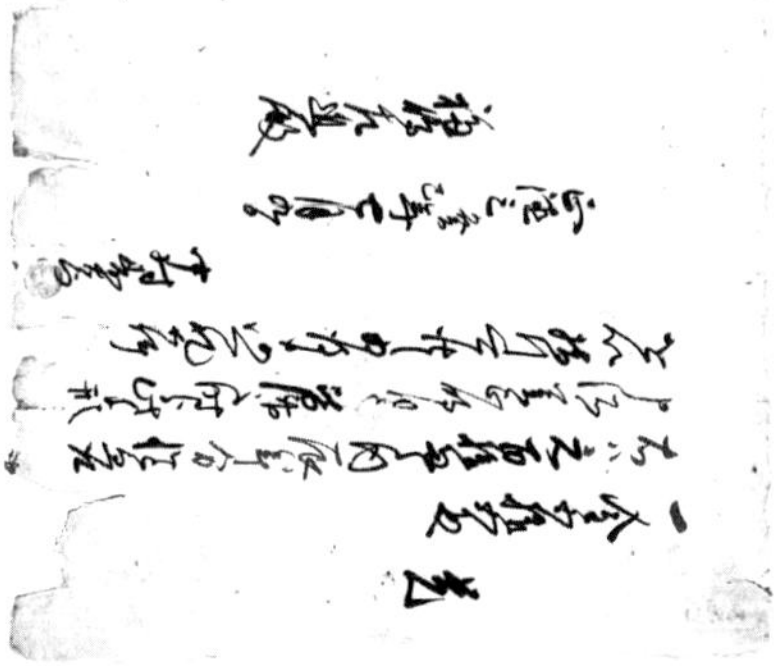

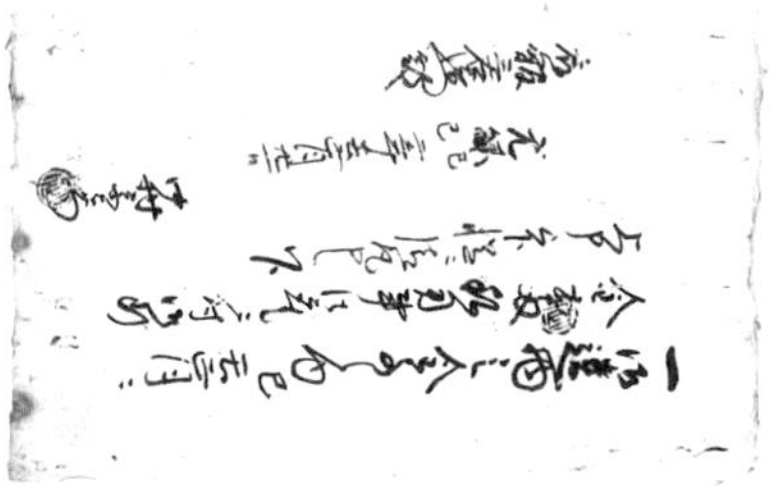

六五―一　中村宗右衛門金子請取証文

六五―二　中村善右衛門金子請取証文

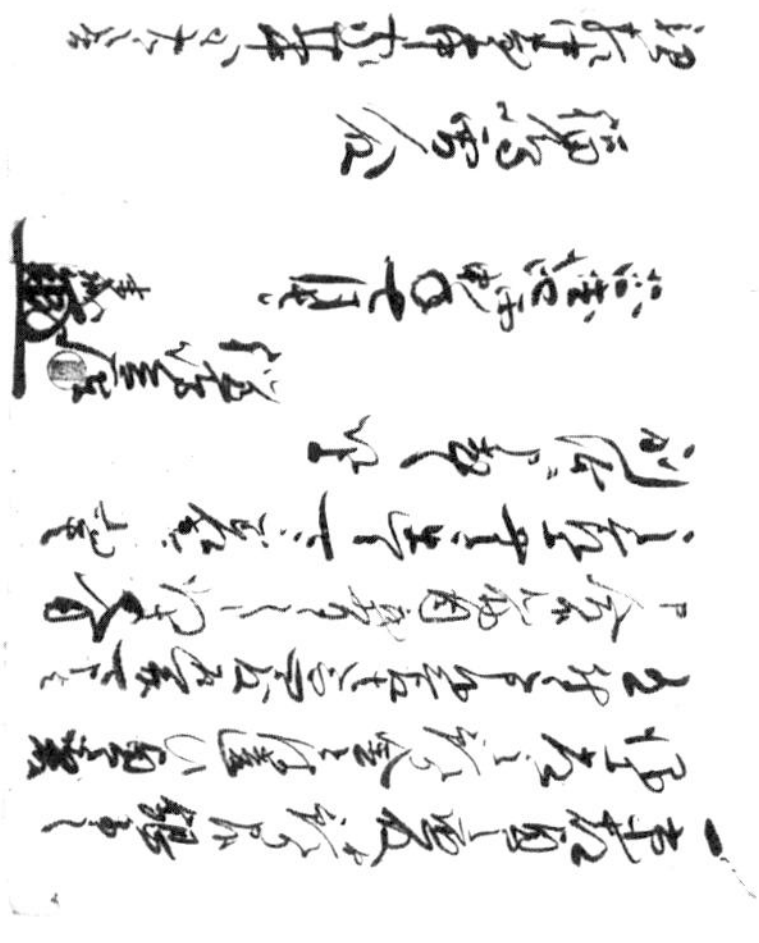

六六、福嶋末誠銀子預り証文

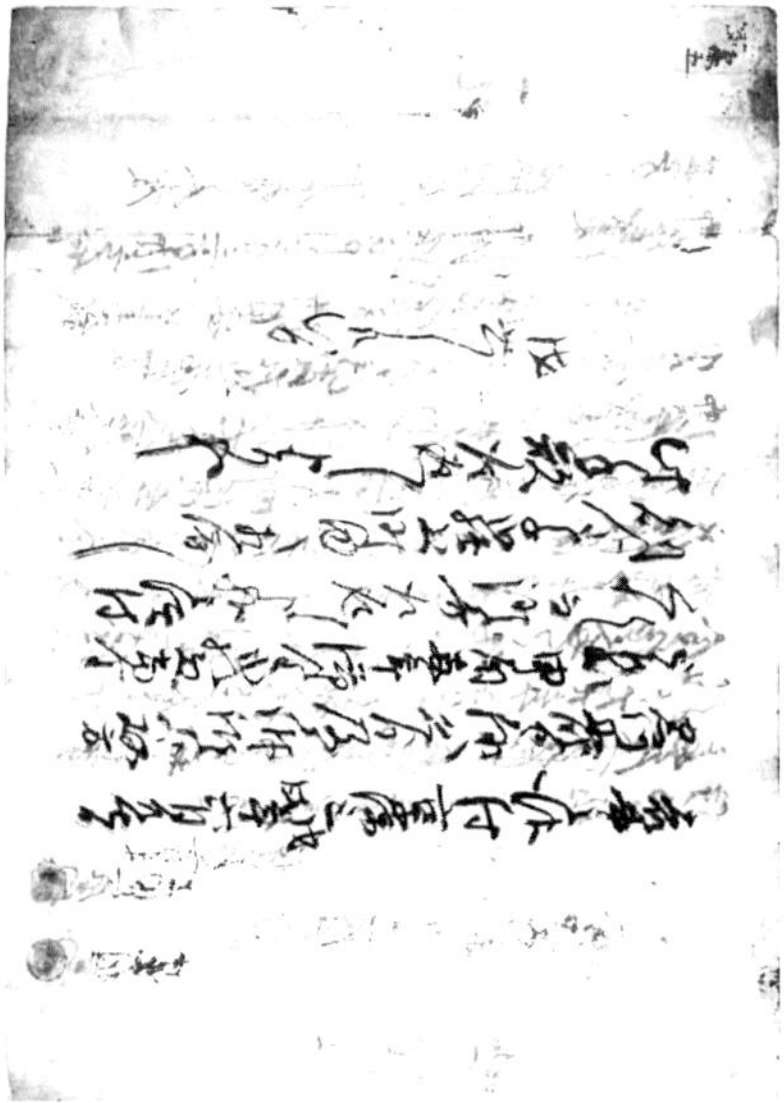

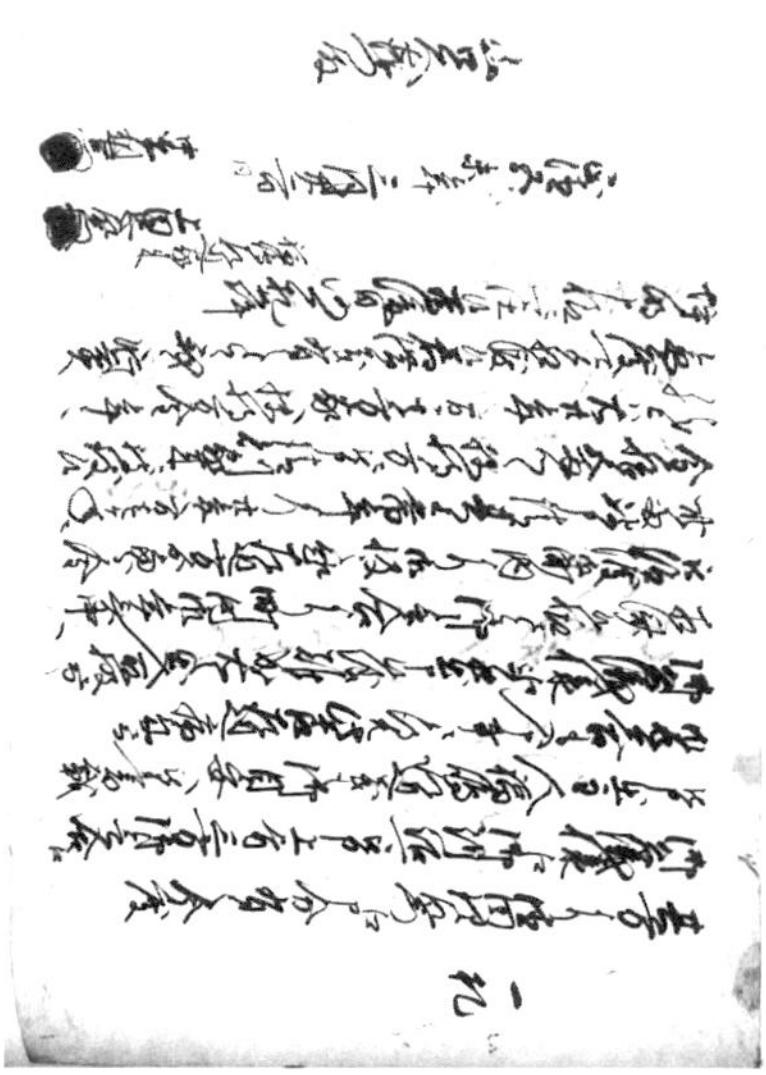

六七、上田忠左衛門・中森利右衛門一札

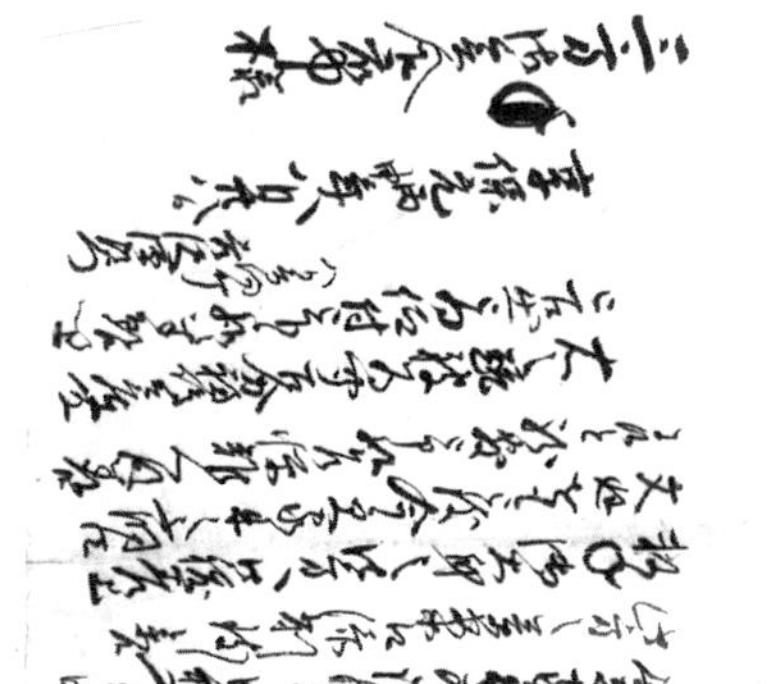

六八　吉沢源左衛門訴状写

六九　岡村善兵衛口上写

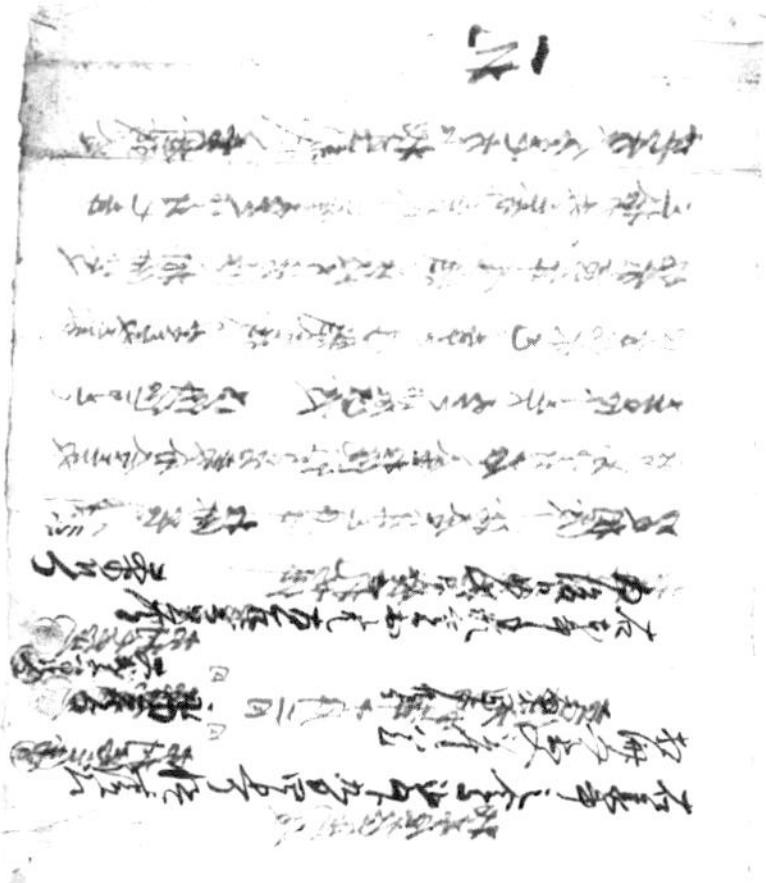

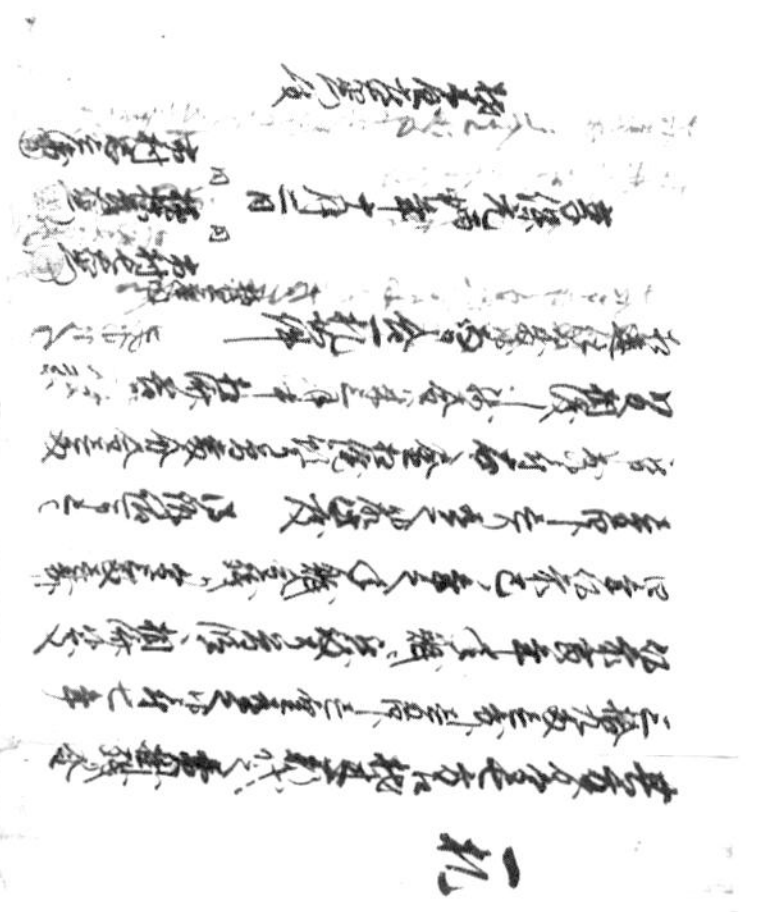

七〇、市村長右衛門等一札

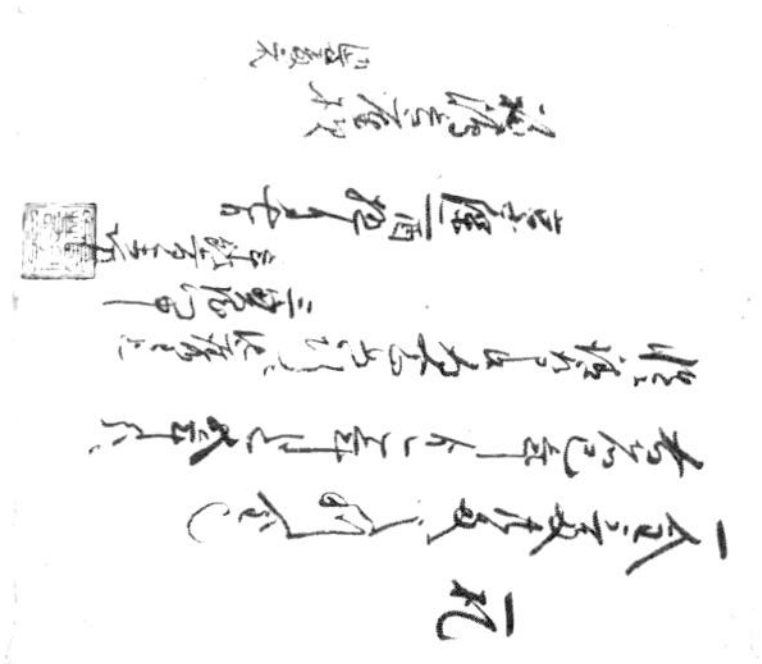

七一、横橋茂右衛門金子借用証文

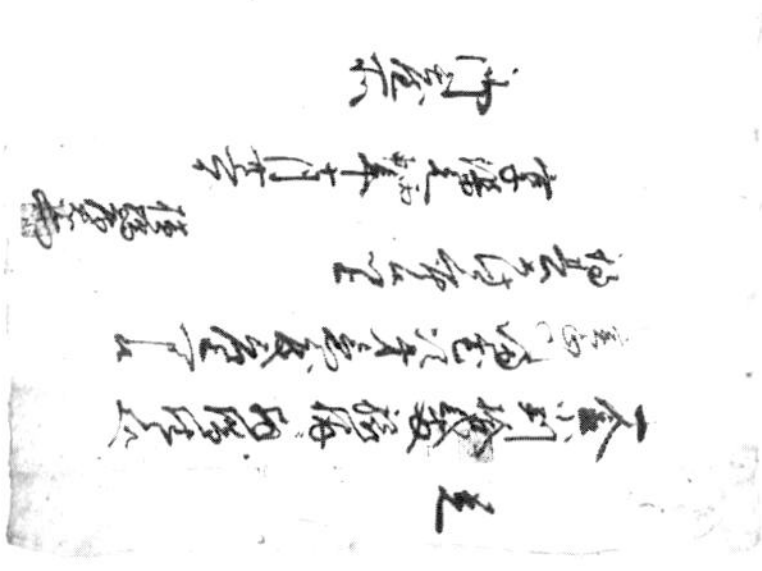

七二、三方院年預常楽坊金子請取証文

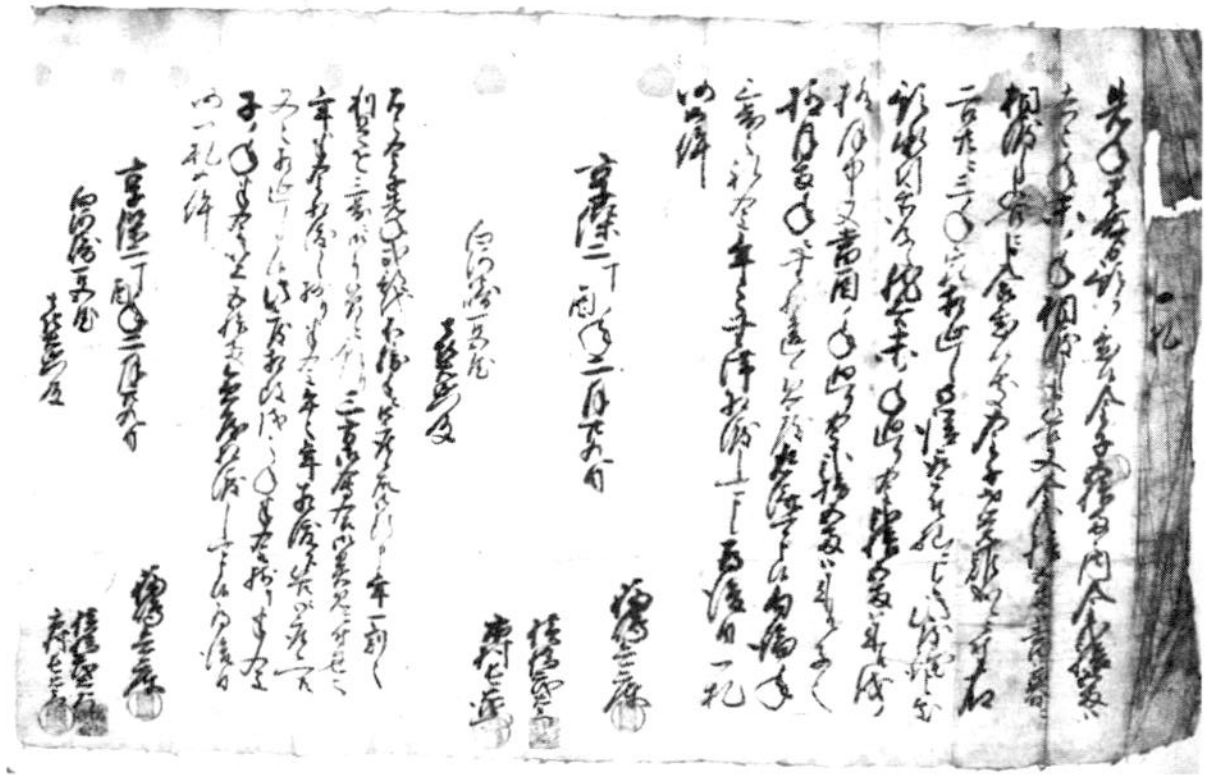

七二、福嶋兵庫等一札

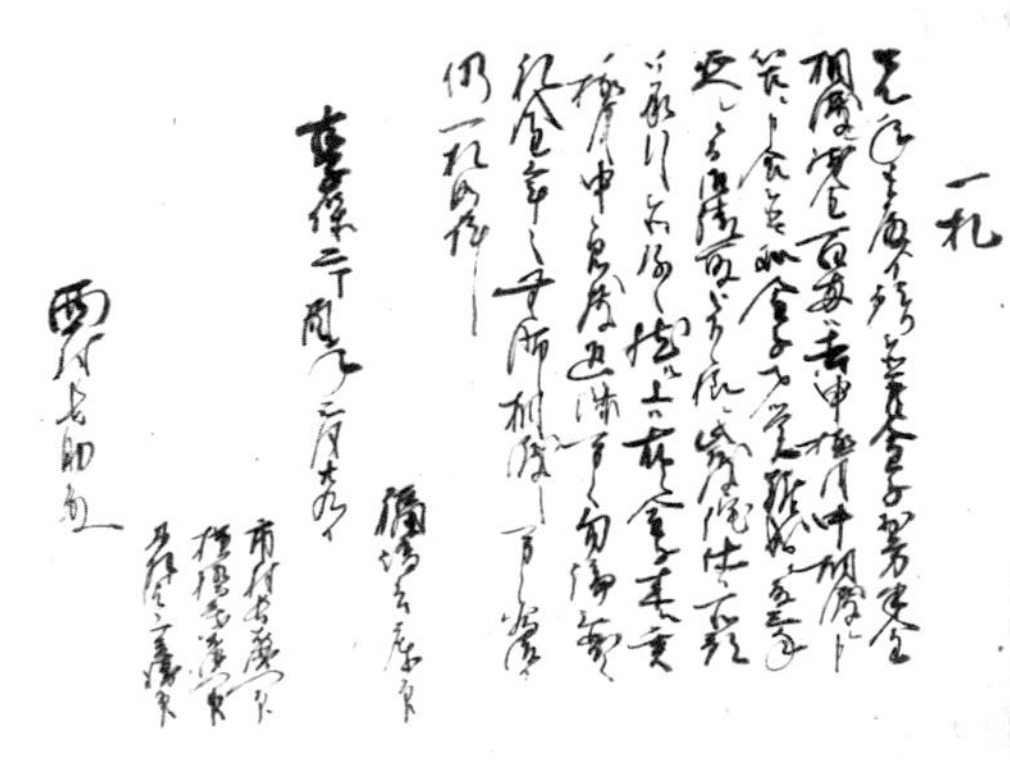

七三、福嶋兵庫等一札写

七四—一、吉沢源左衛門覚
七四—二、吉沢源左衛門覚

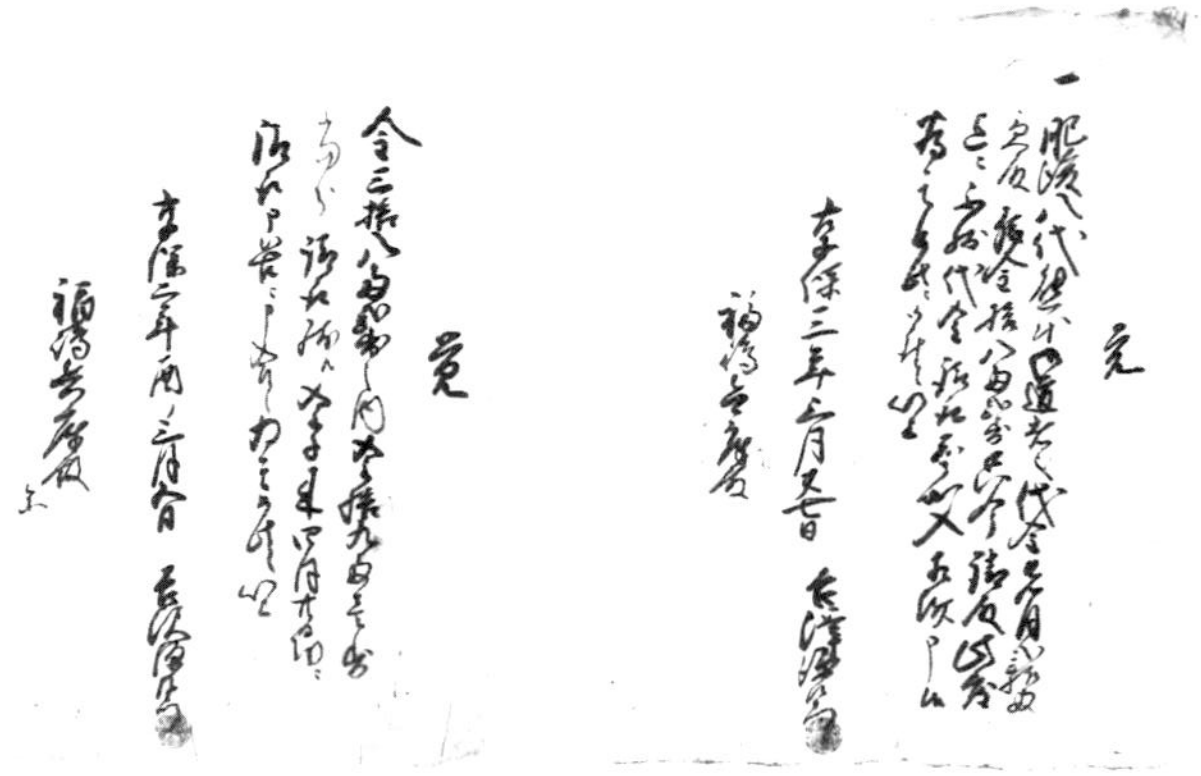

七五、中村八郎兵衛屋敷請状

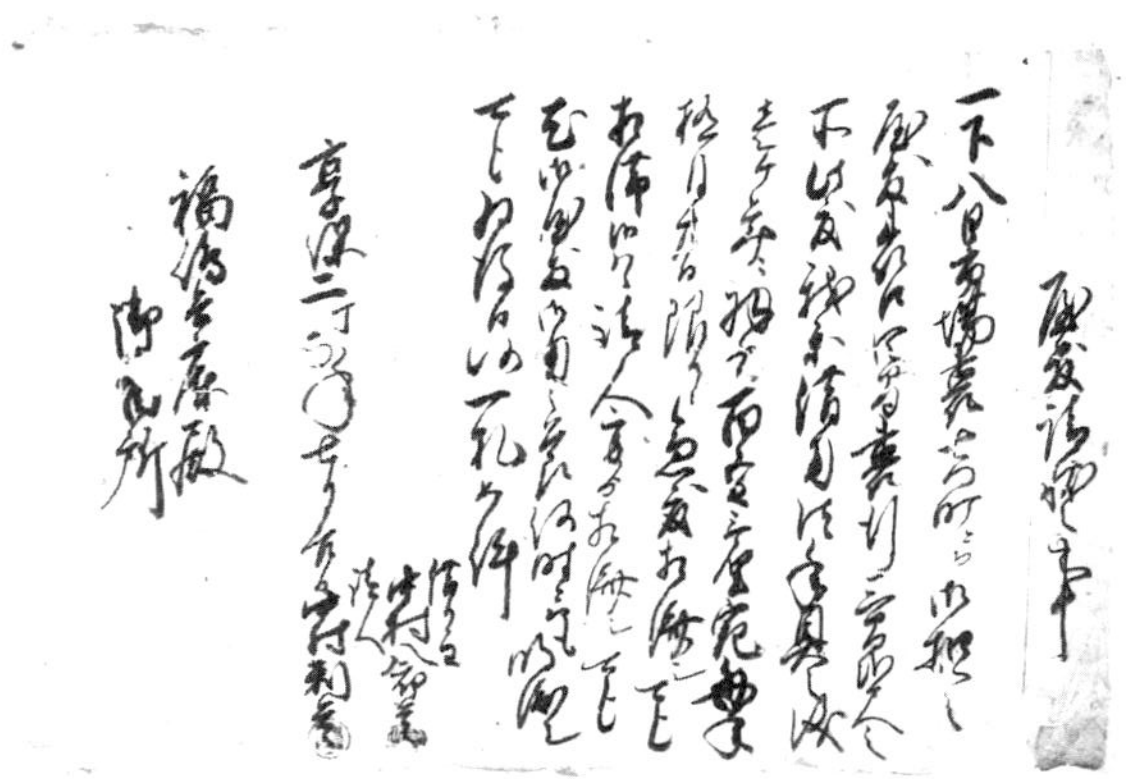

七六、中森理右衛門一札

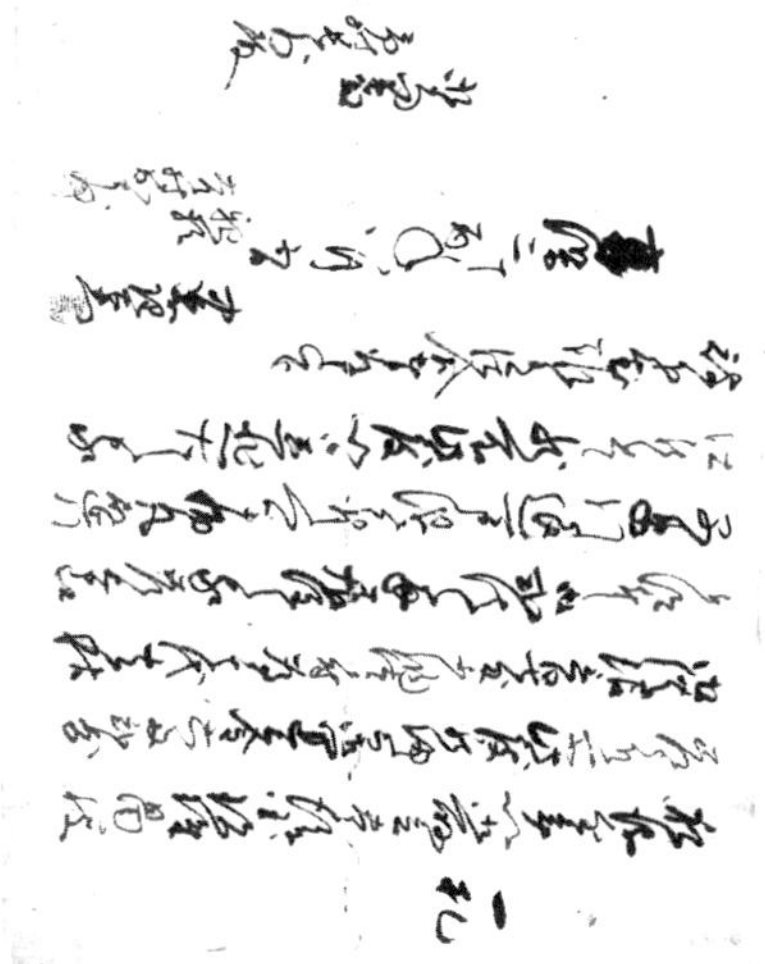

七七、橋村備中金子請取証文

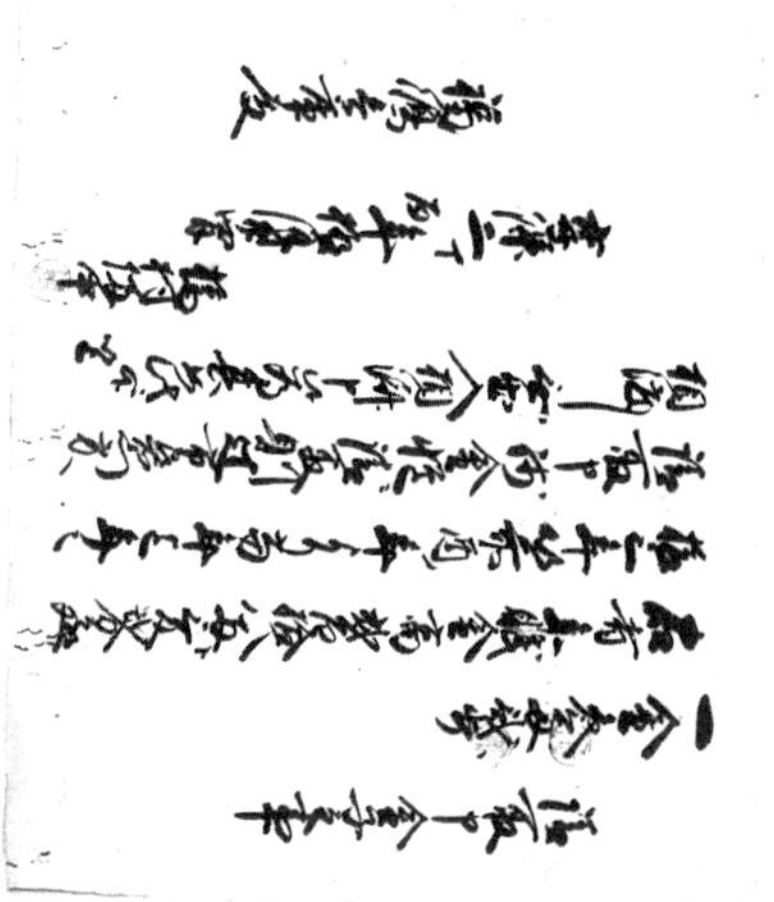

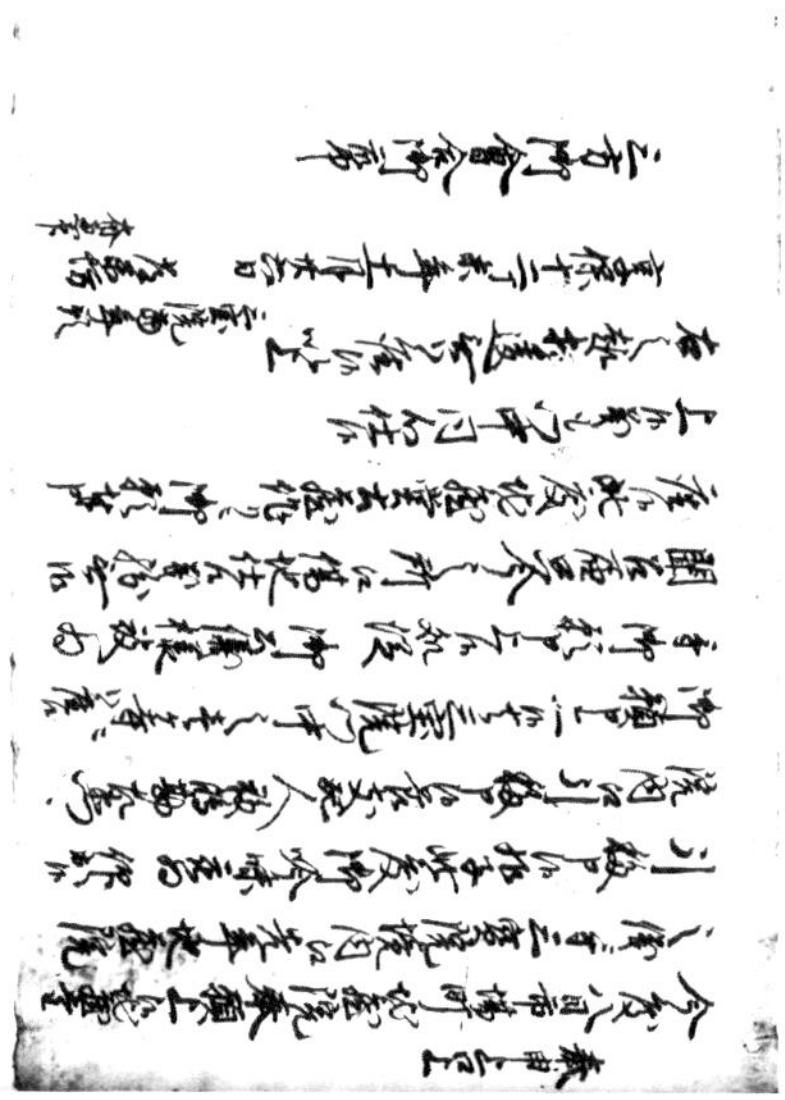

七八、常楽坊斎恵口上写

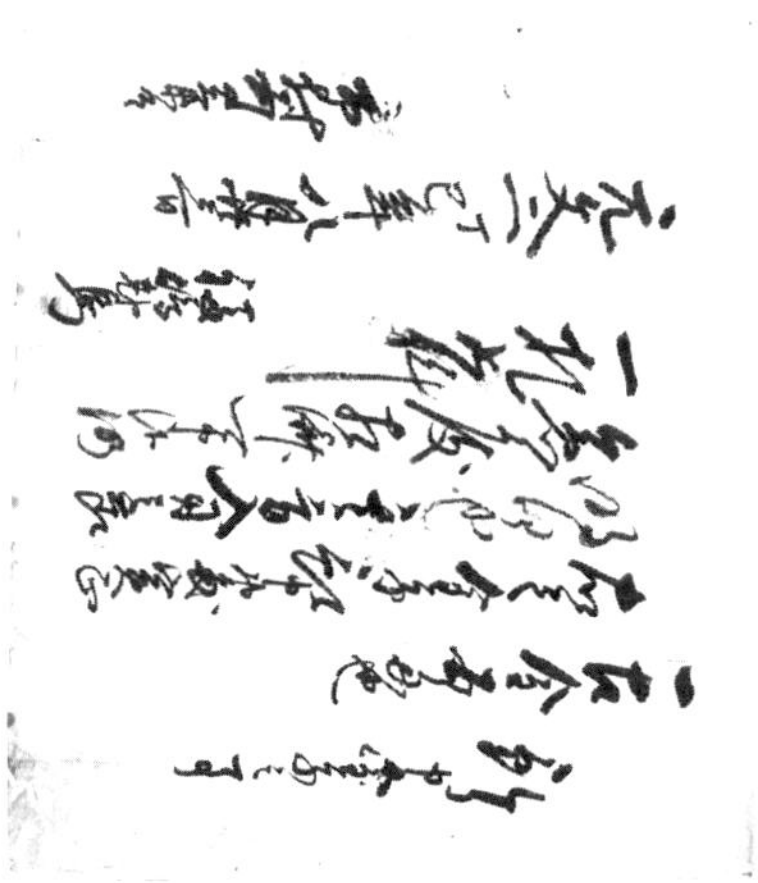

七九、福嶋勘左衛門金子預り証文

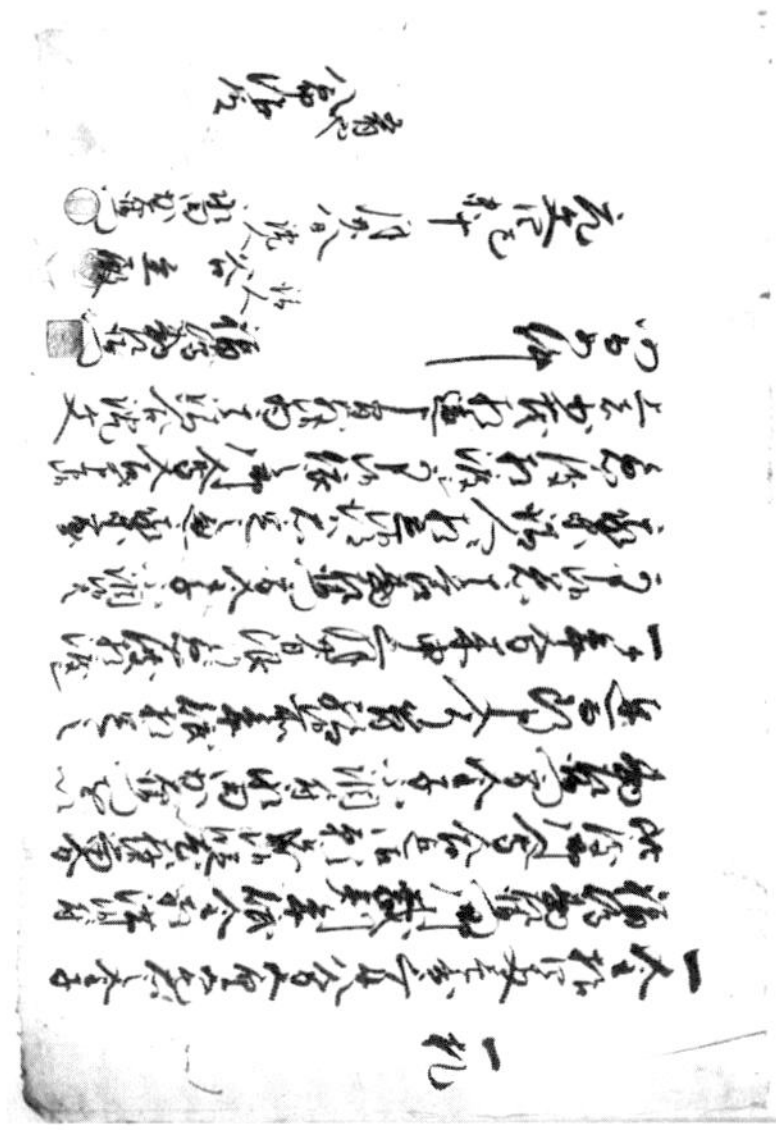

八〇 福嶋勘左衛門請合証文

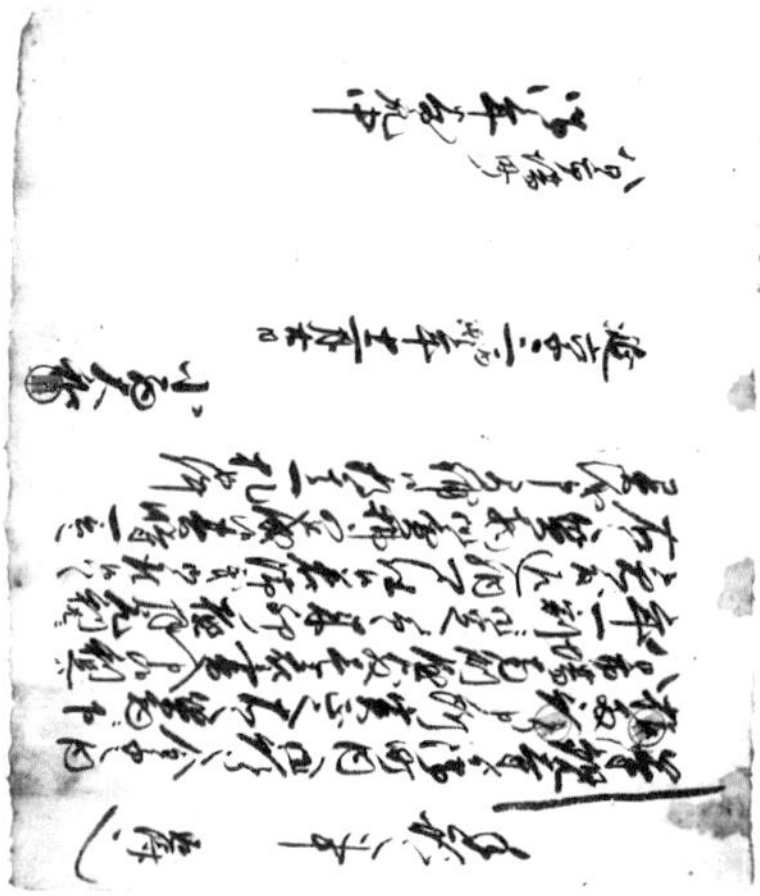

八一 小西大和手形一札

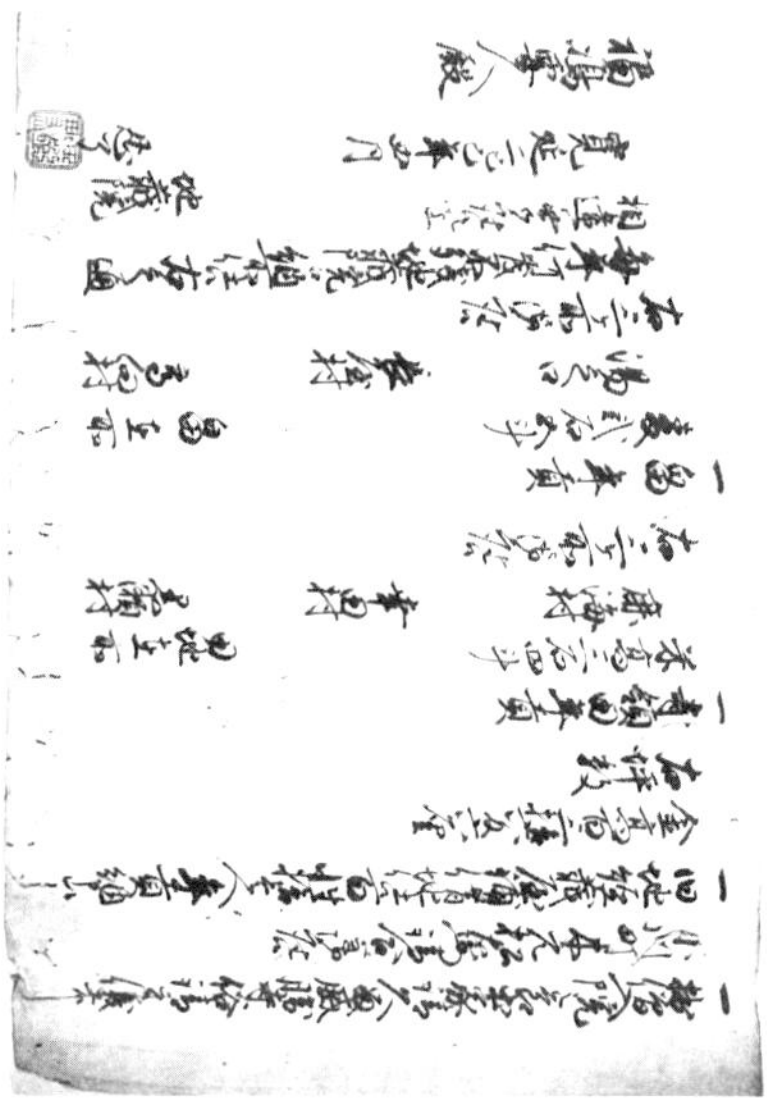

八二　地蔵院忍了年貢覚

八三　地蔵院忍了一札

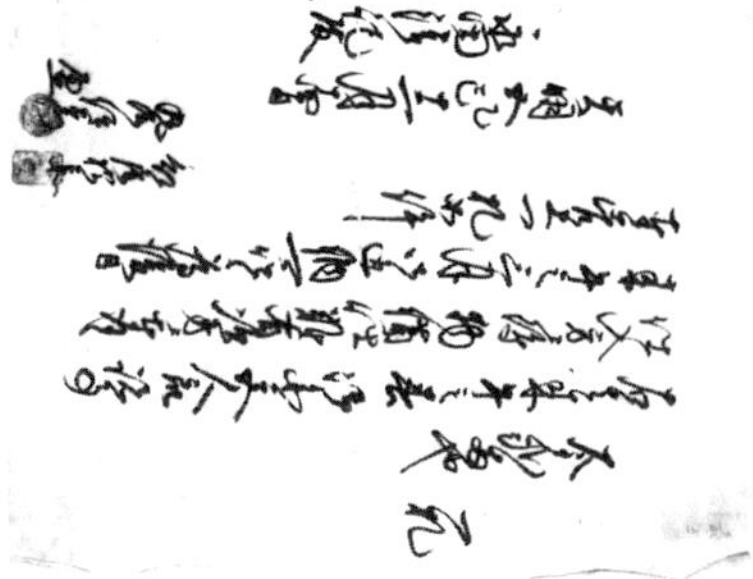

八四、紅屋松兵衛金子借用証文

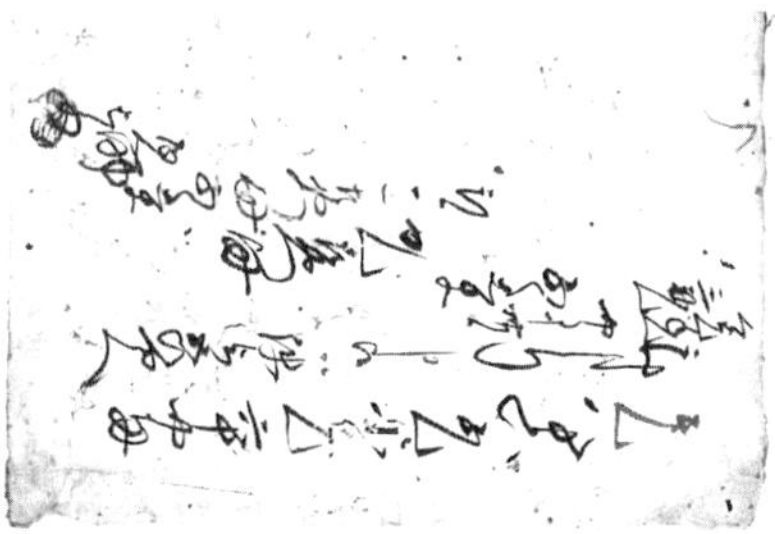

八五―一、福嶋豊後金子預り証文

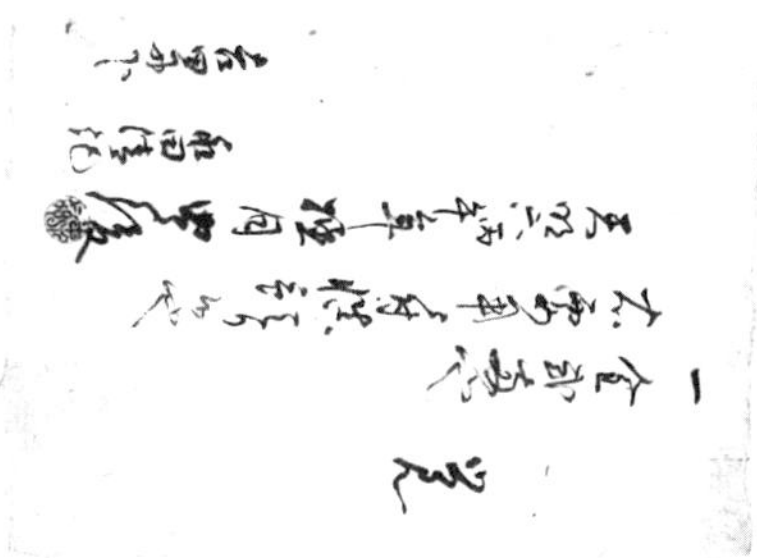

八五―二、福嶋為之助むめ金子請取証文

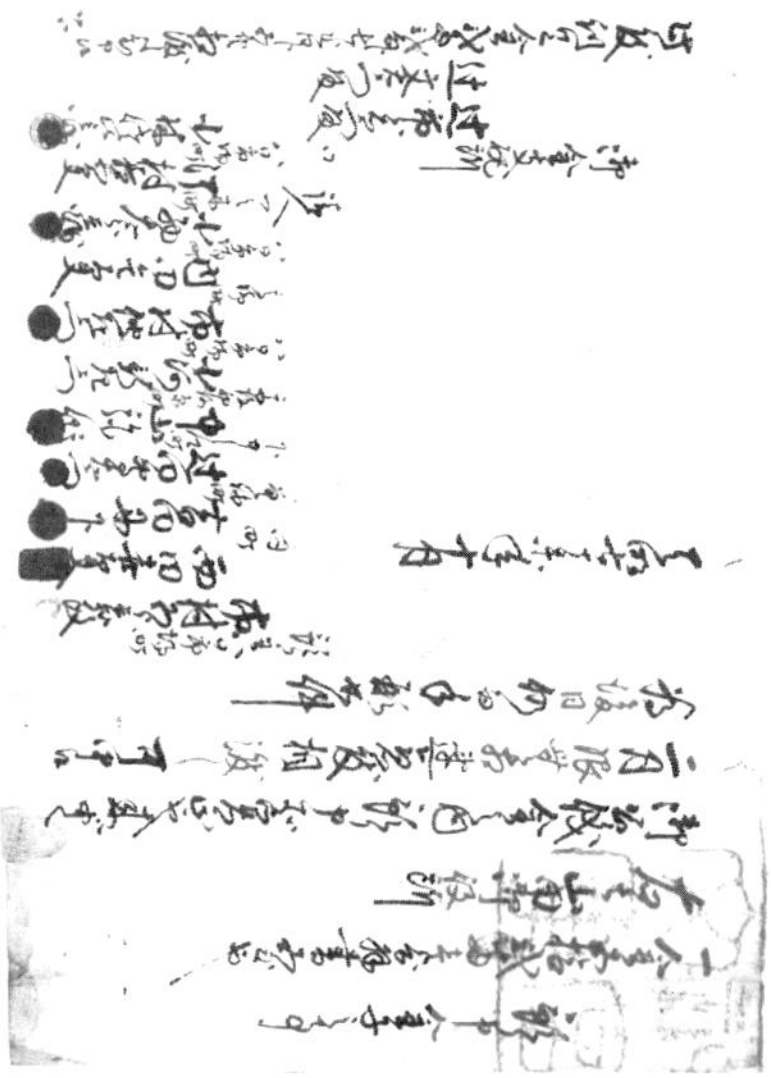

八六、西田喜大夫等金子借用証文

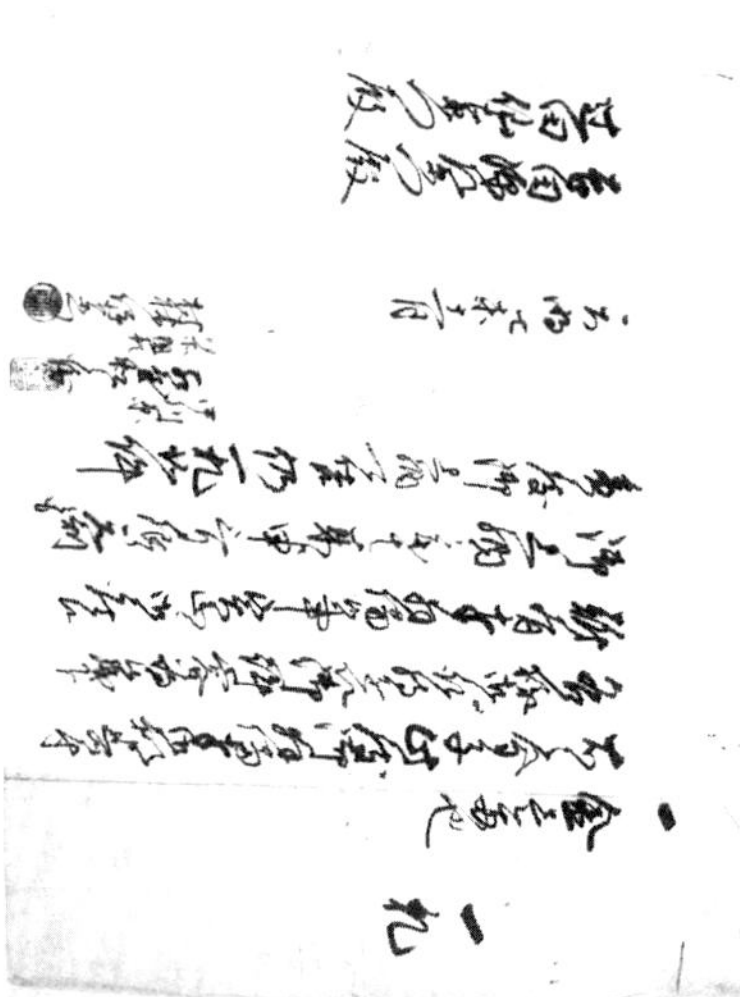

八七、紅屋松兵衛金子借用証文

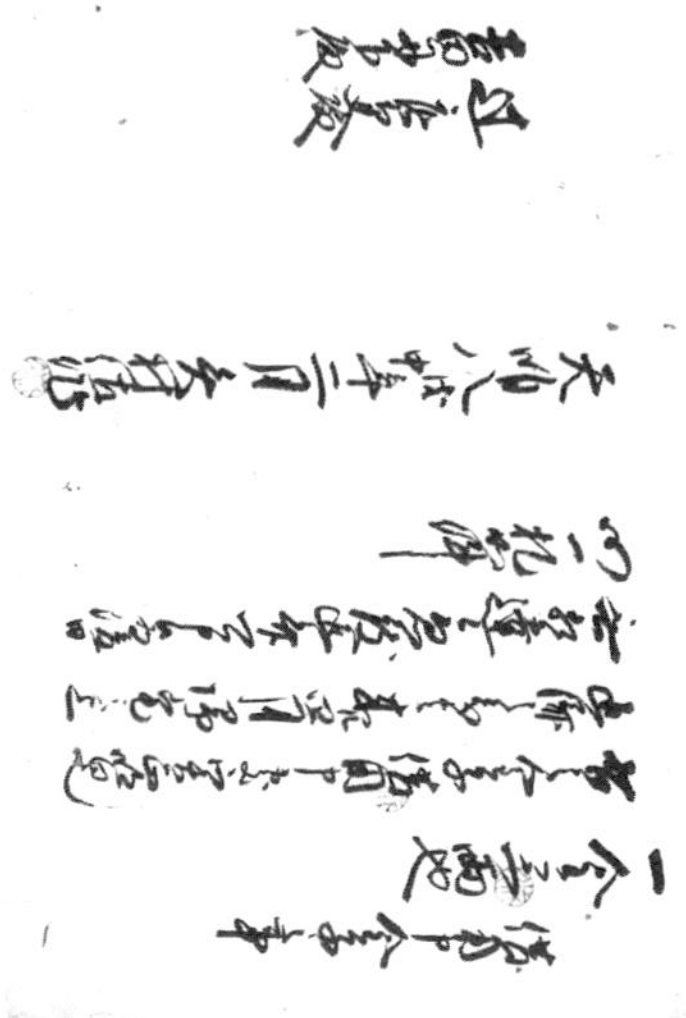

八八、矢村佐作金子借用証文

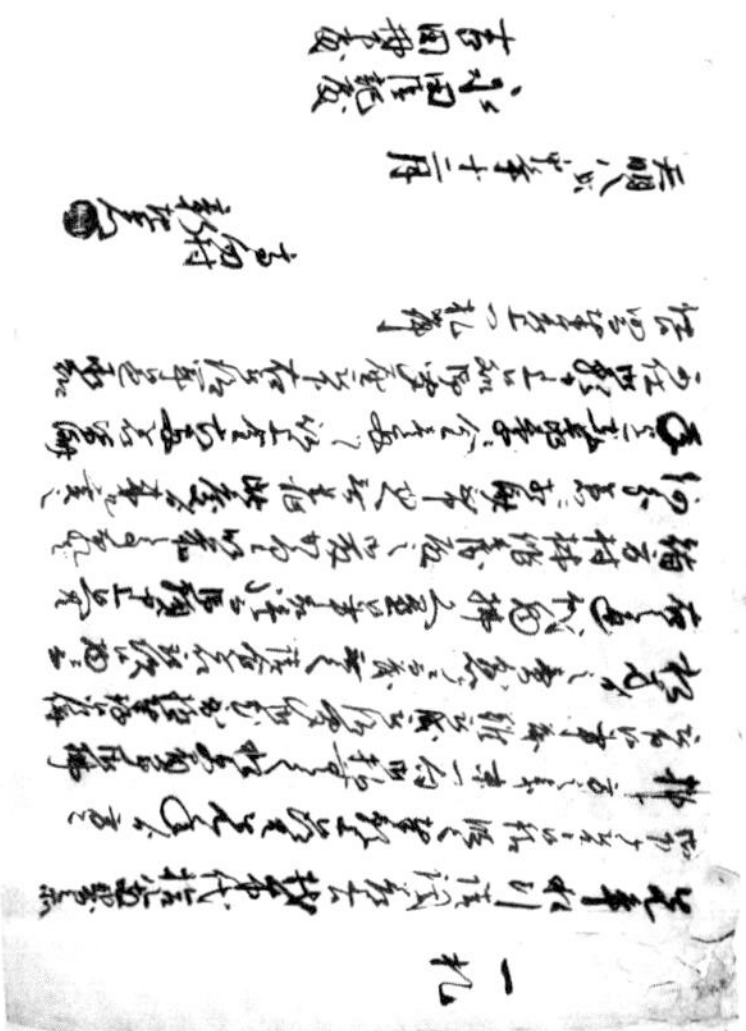

八九、高向村新左衛門一札

九〇、紀州粉川与兵衛等金子借用証文

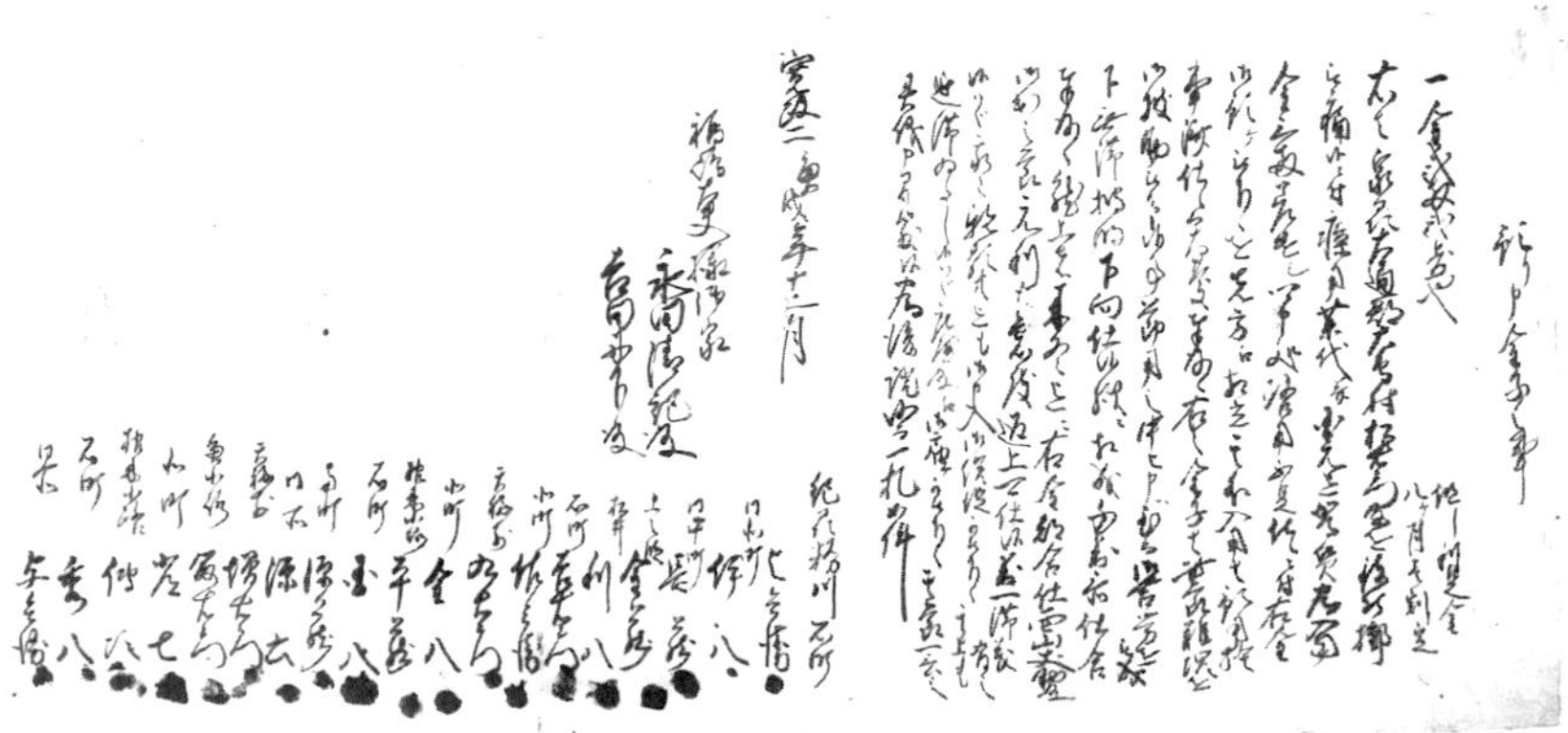

九一、某肥後国道者売券

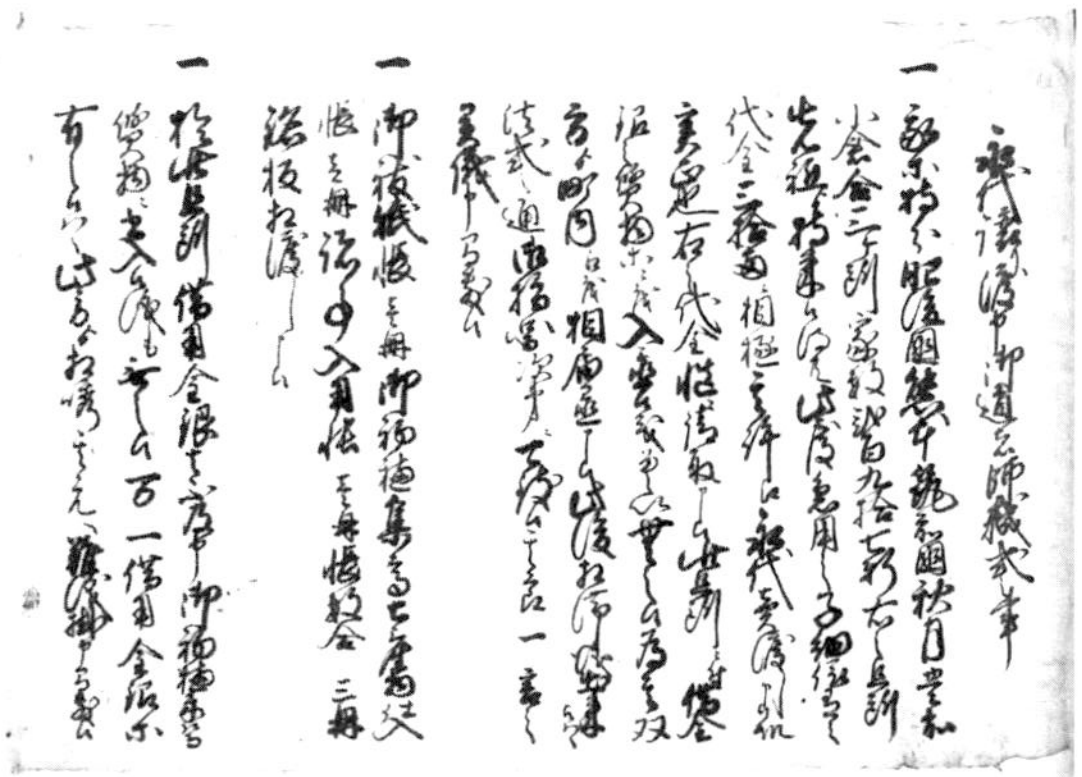

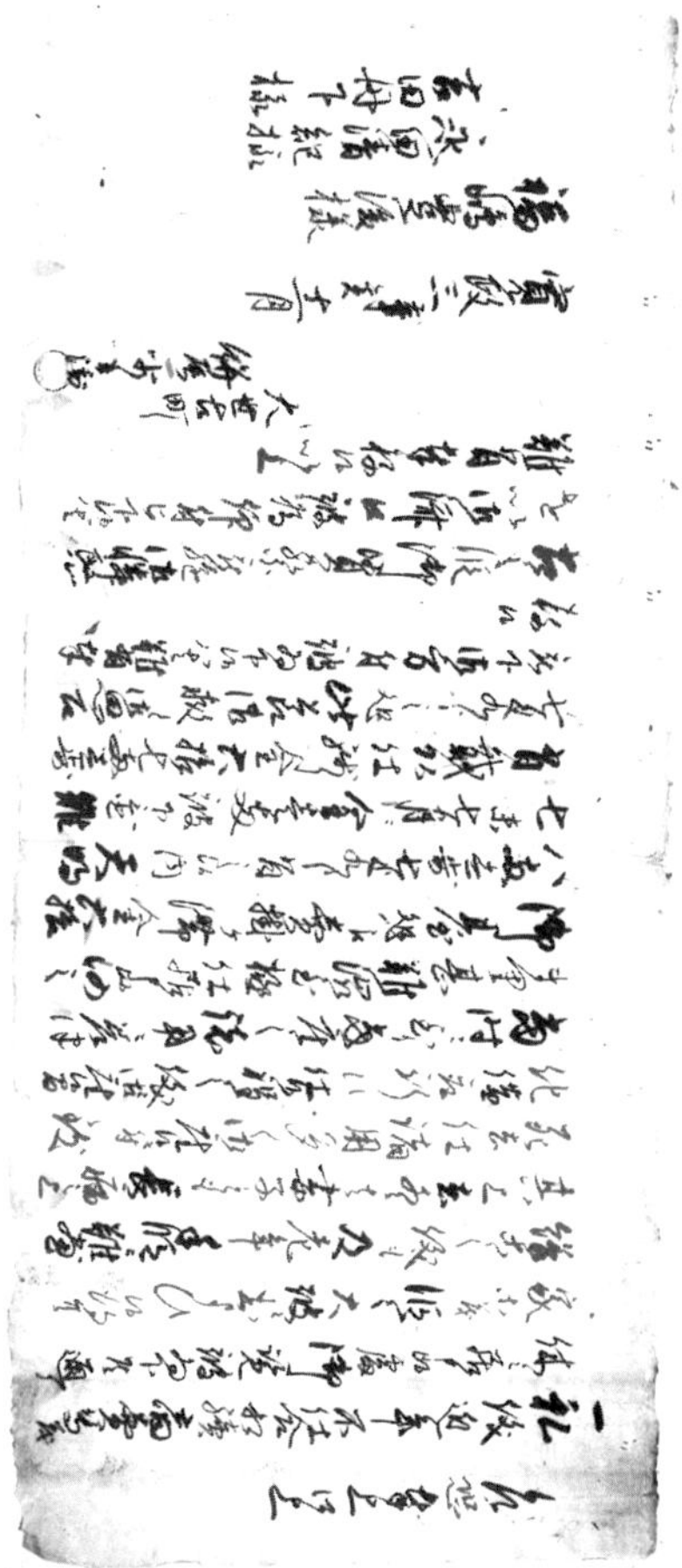

九二、餅屋平兵衛口上

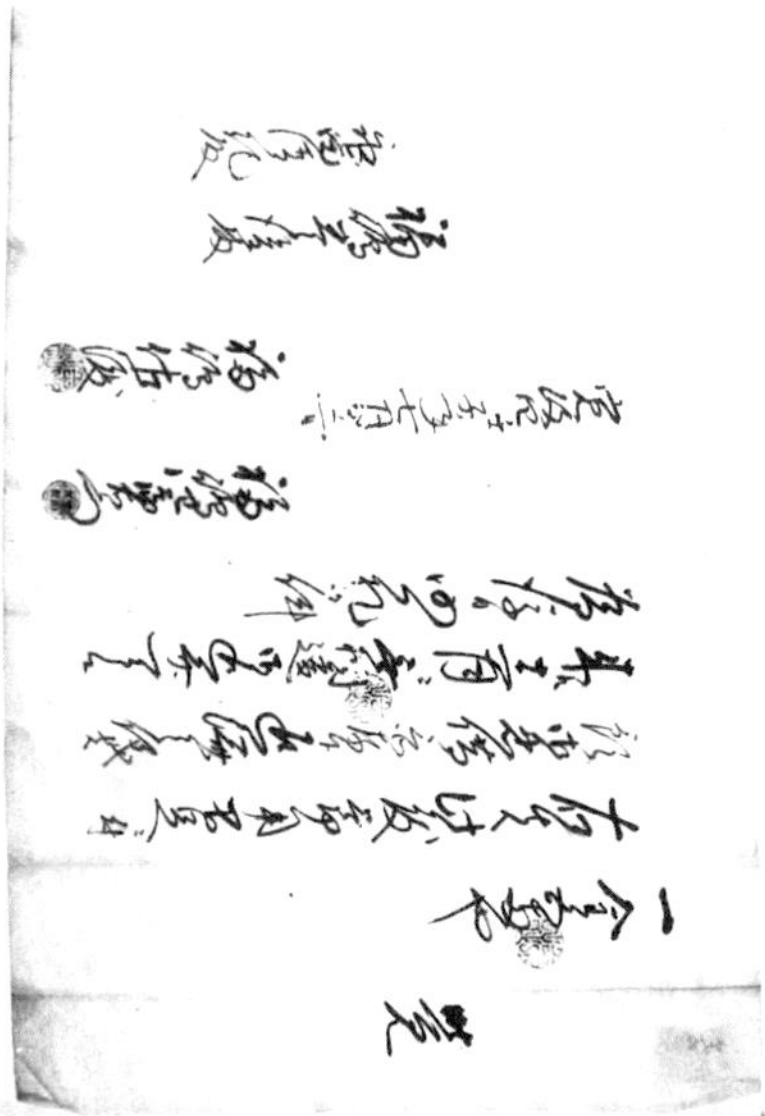

九三、福嶋四郎右衛門・同佐渡金子借用証文

九四、西田五良八他一札

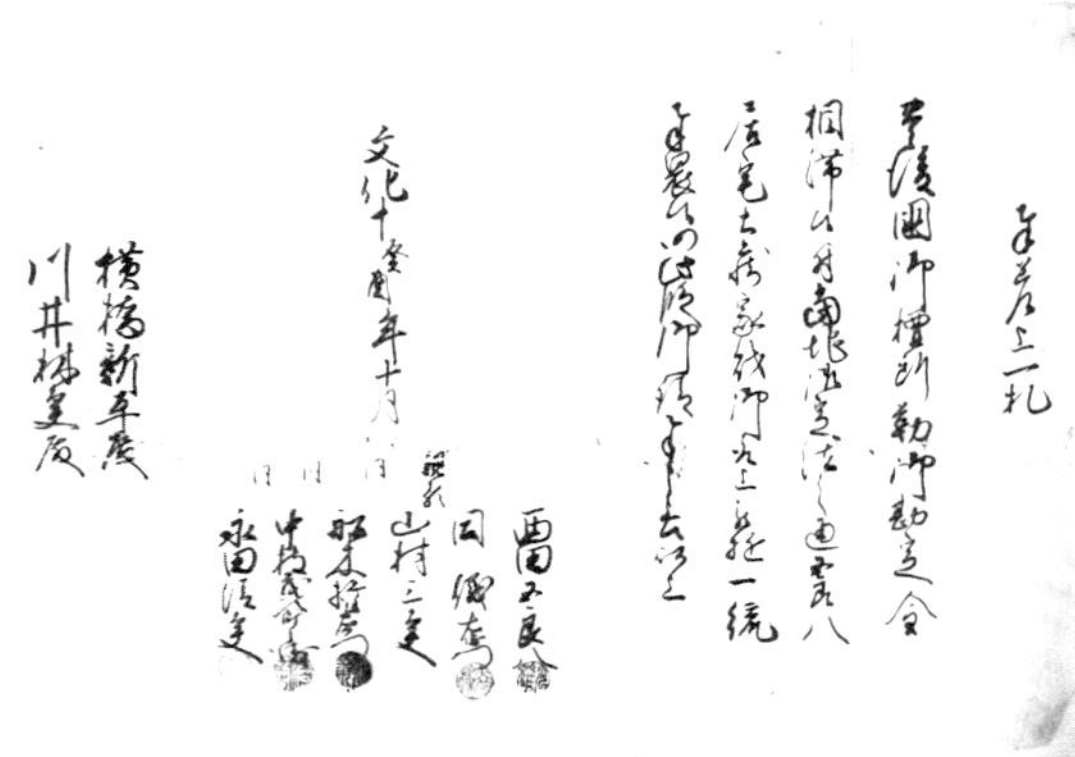

九五、台所入用等書付

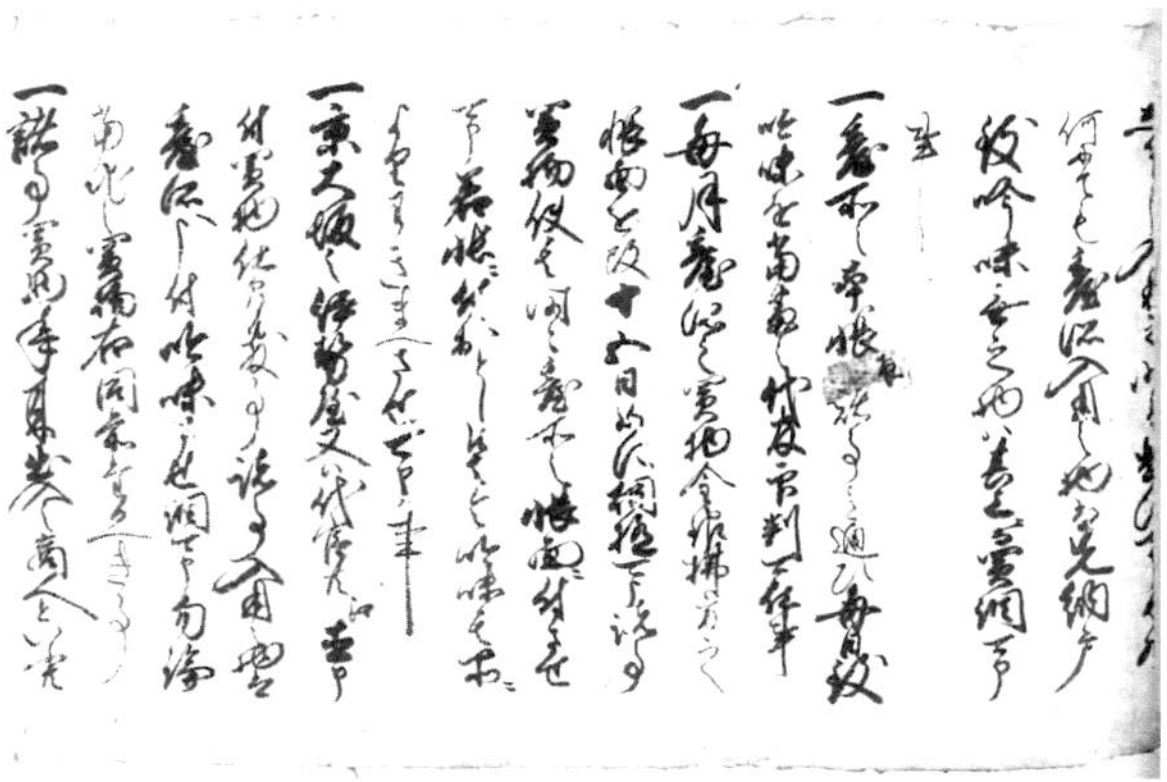

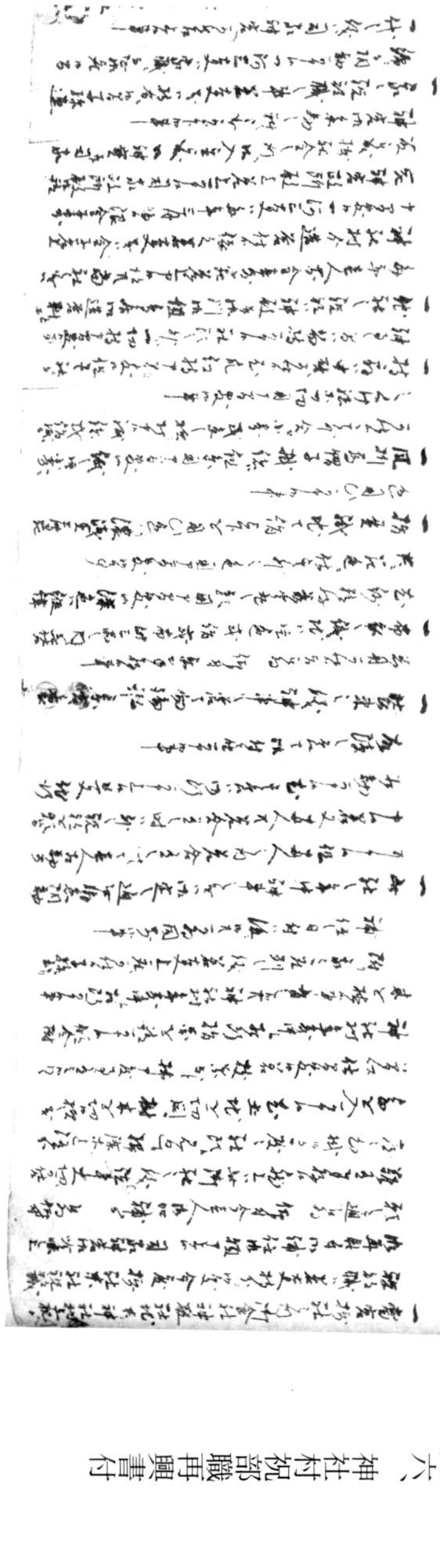

九六、神社村祝部職再興書付

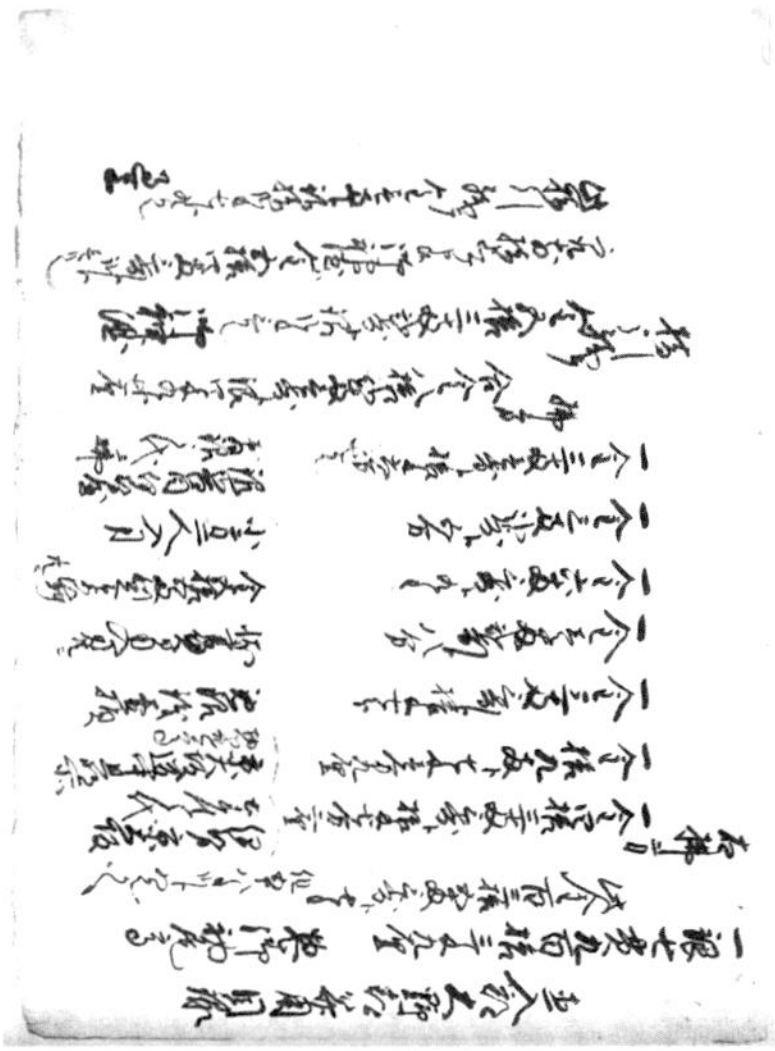

九七、豊後国直入郡大野郡算用目録

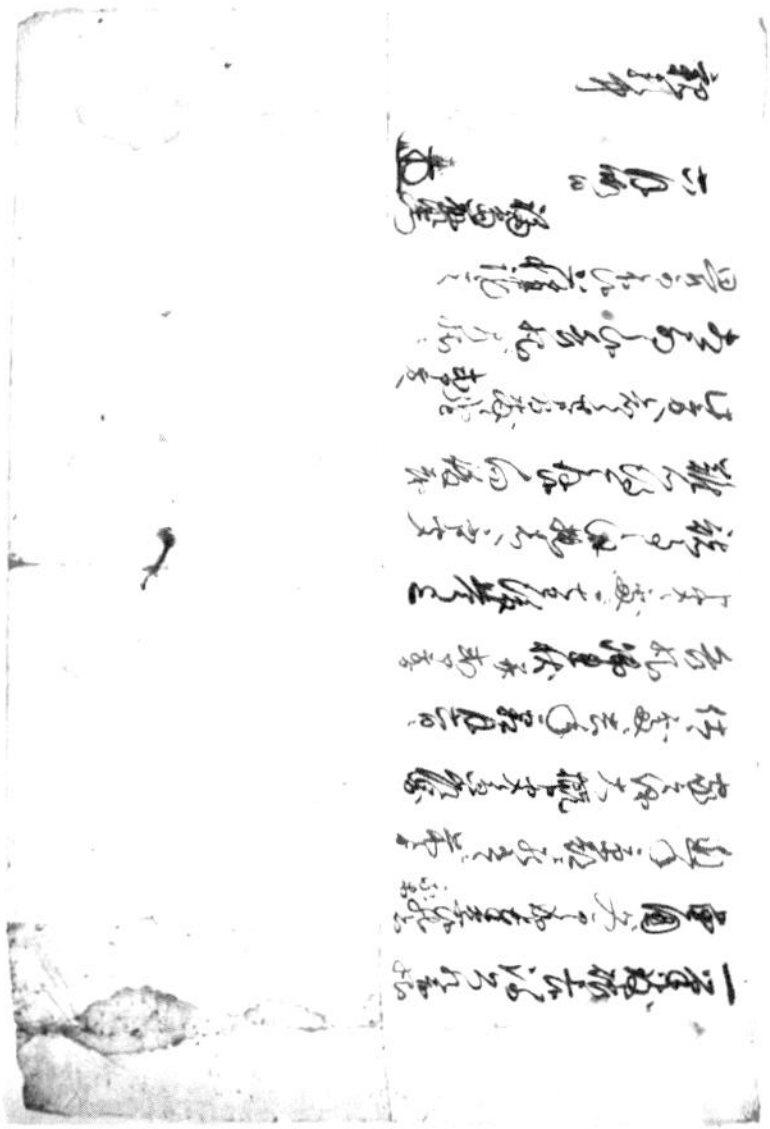

九八、福嶋末輔書状

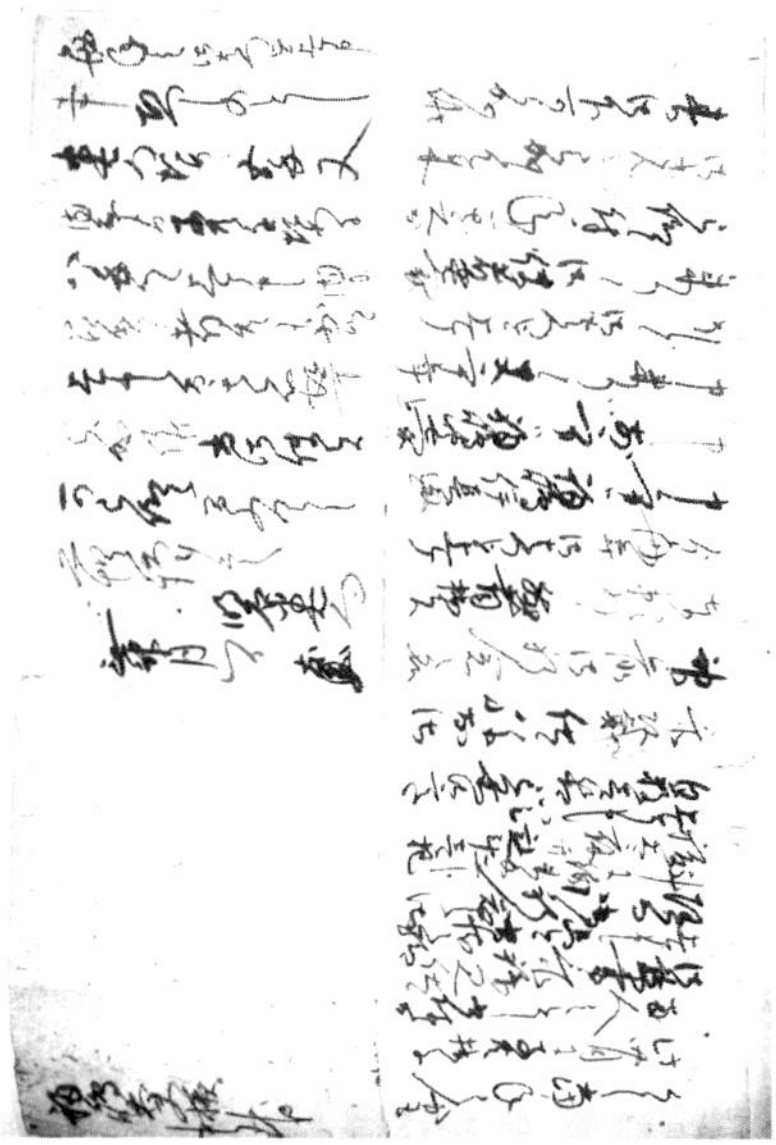

九九、明石半右衛門書状

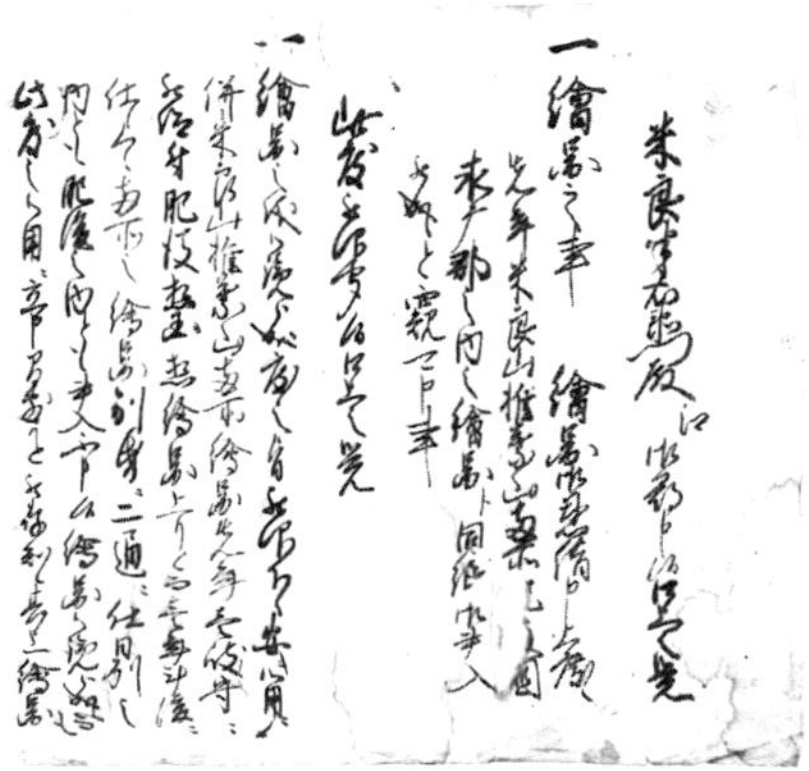

一〇〇—一、米良山・椎葉山絵図口上

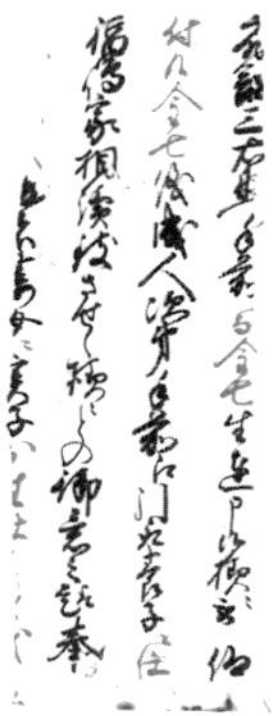

一〇〇—二、福嶋家相続一札断簡

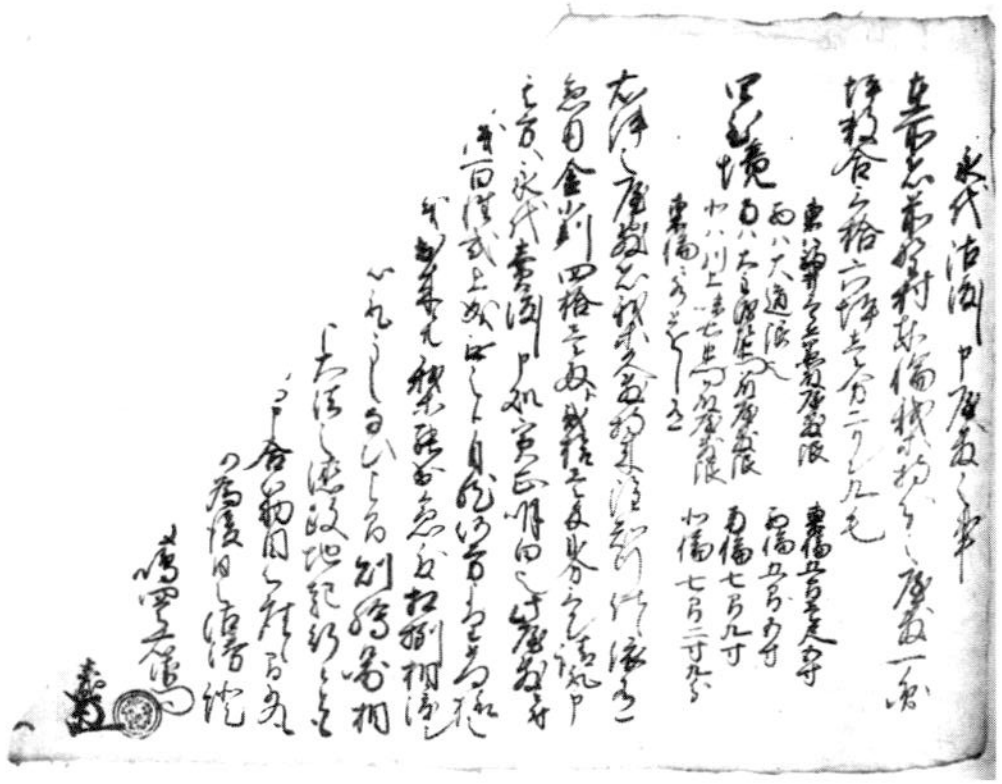

一〇一、福嶋末成屋敷売券

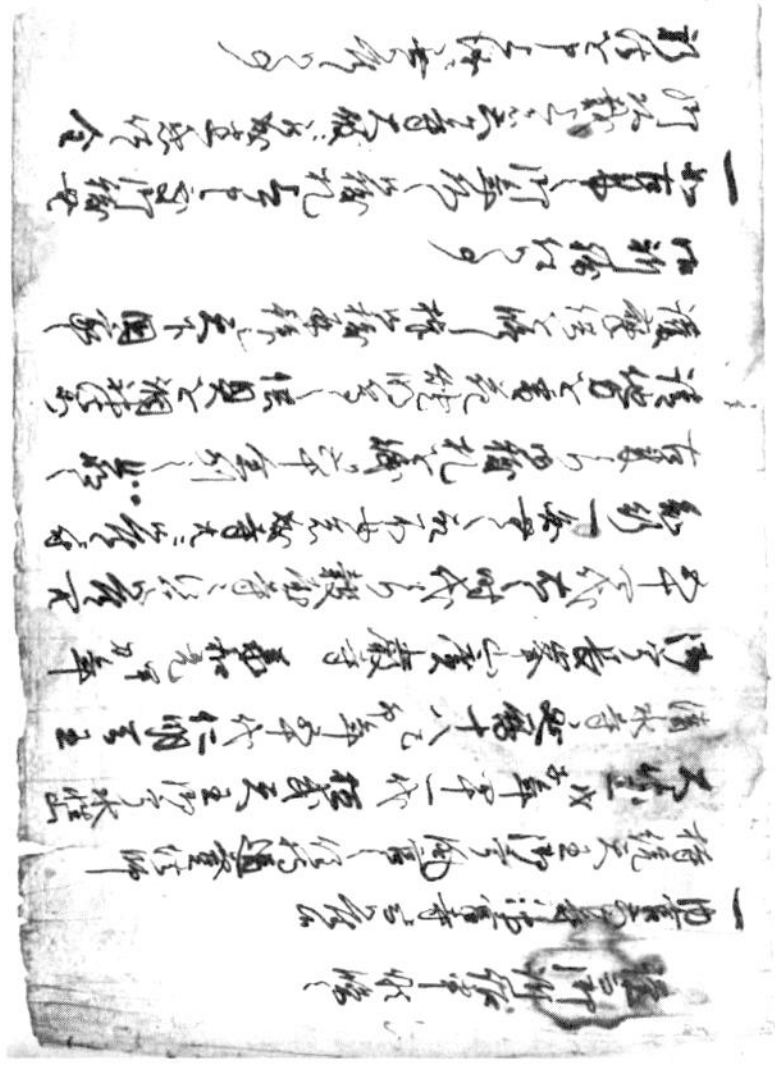

一〇二　六ヶ寺一件訴状

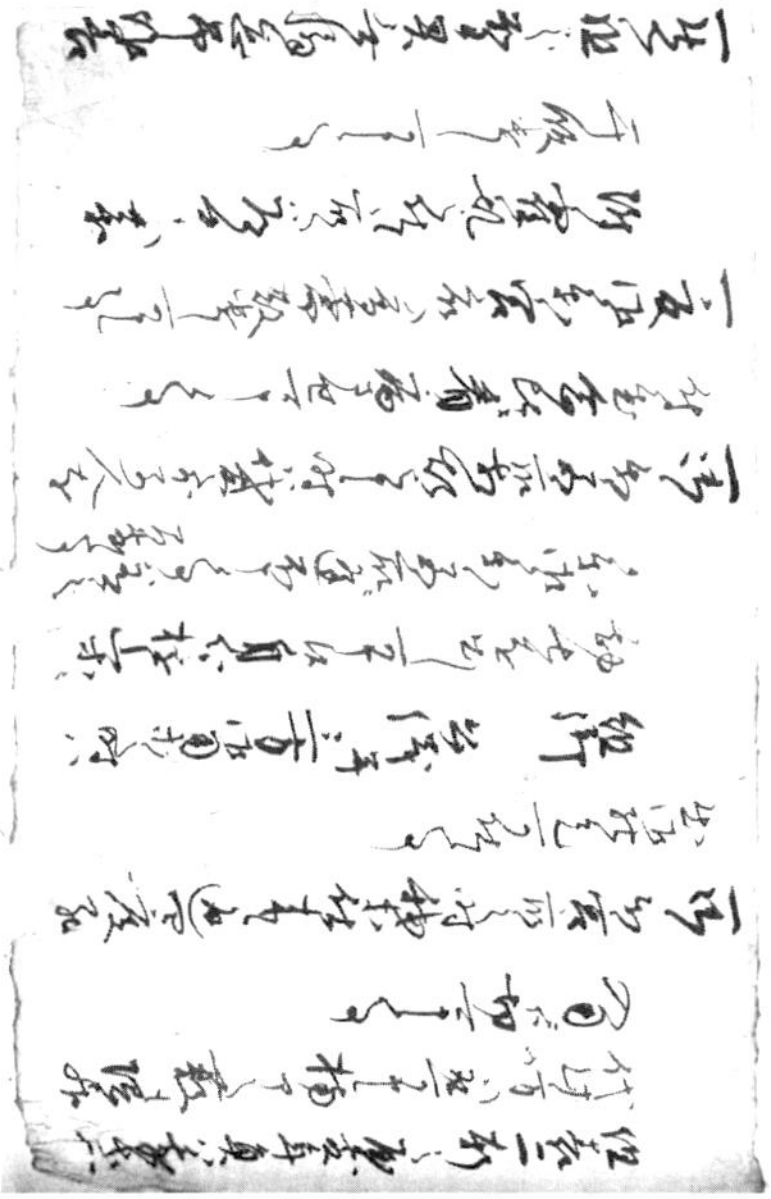

一〇三　参宮衆取扱等書付断簡

一〇四、等観寺末代定書付

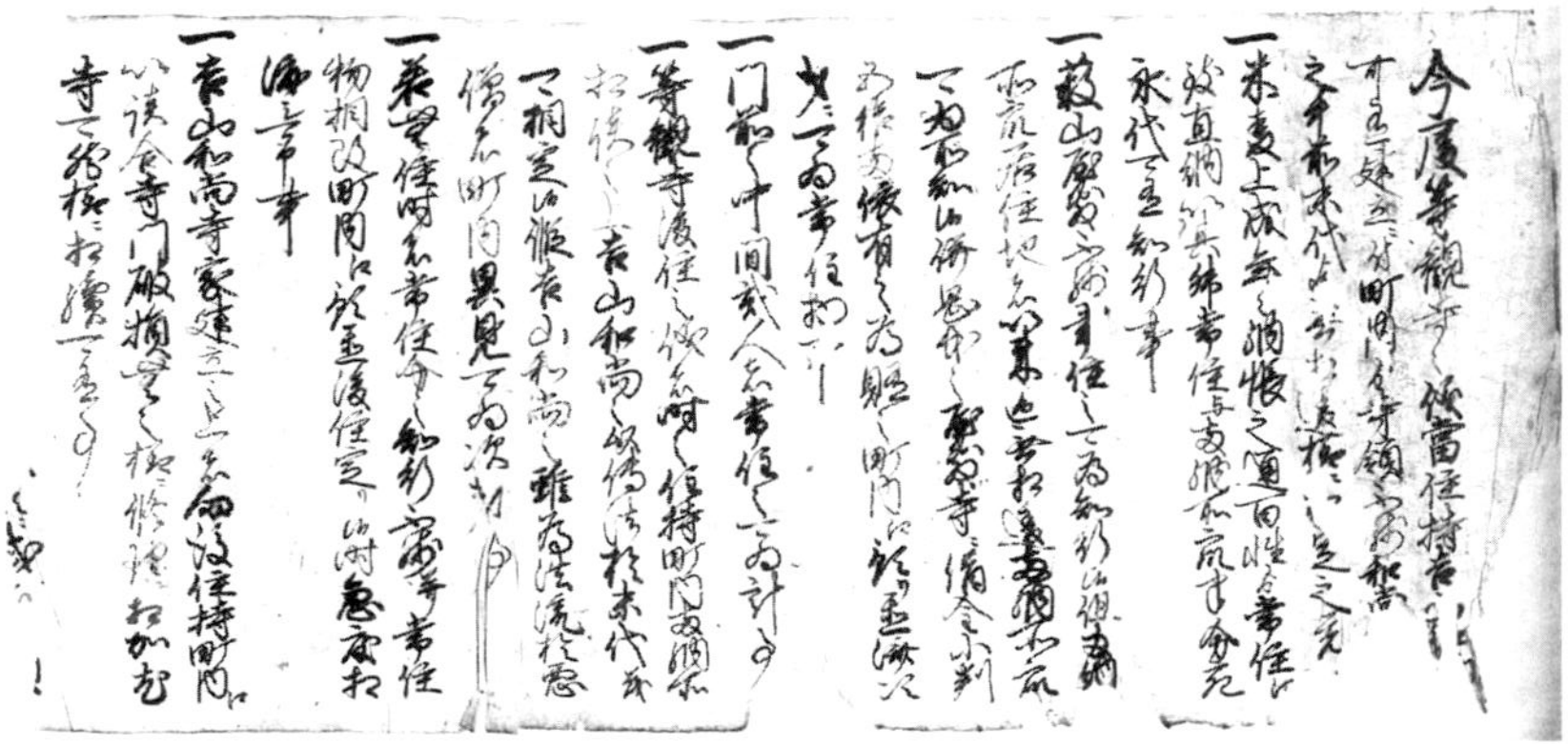

一〇五、某訴状案

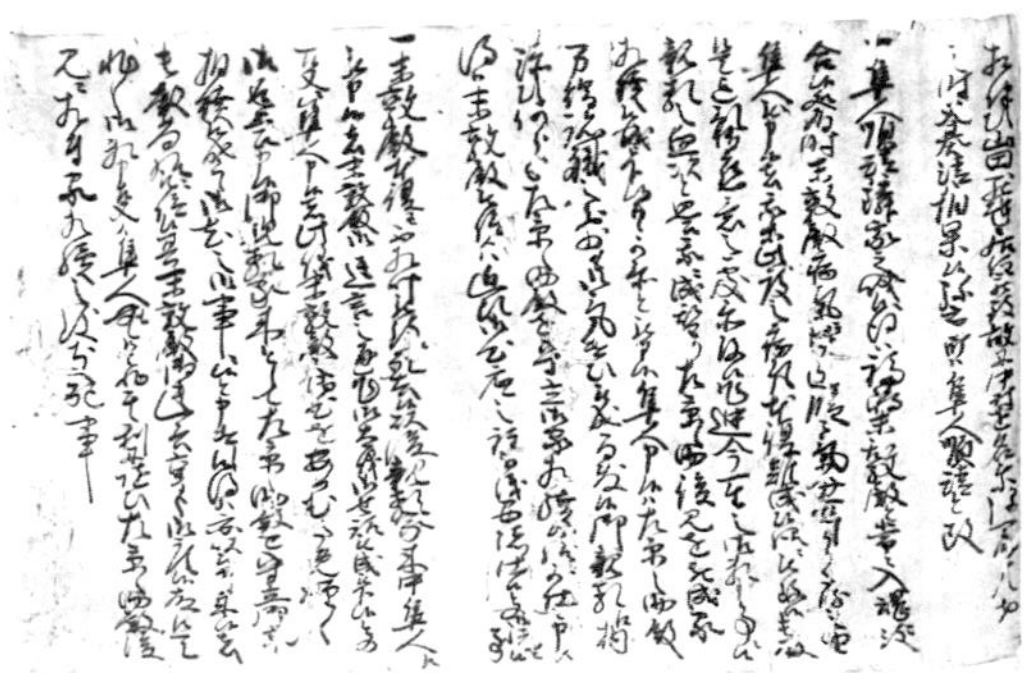

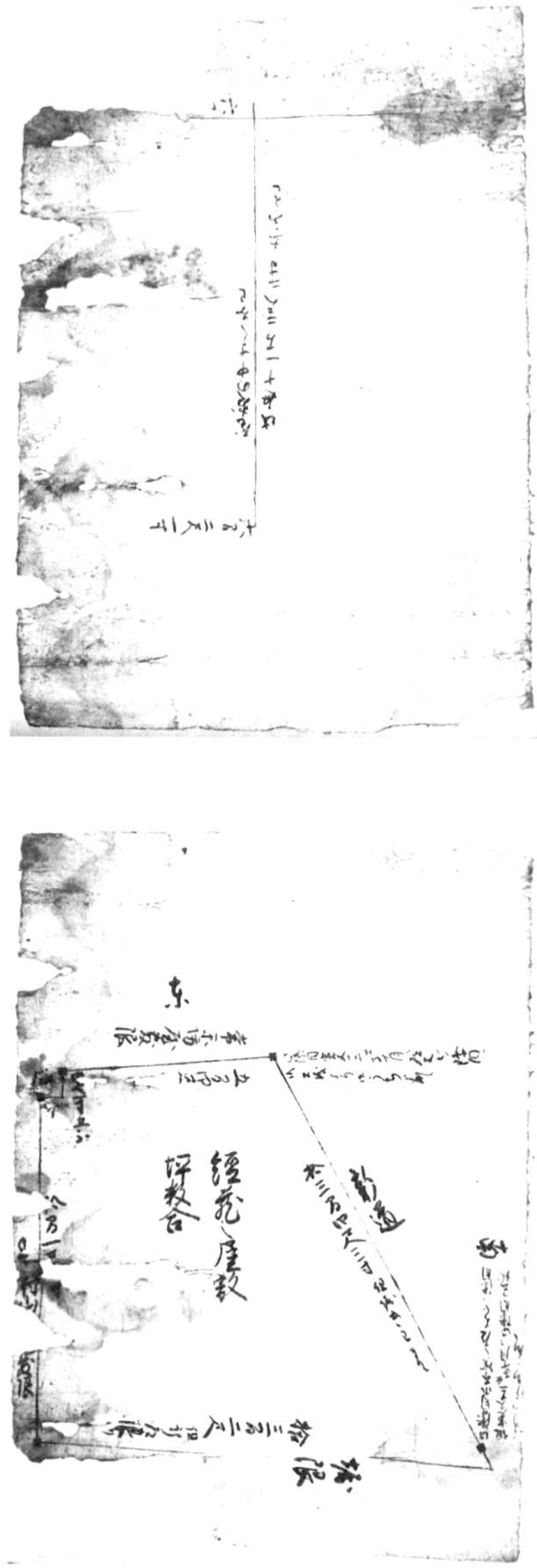

一〇六 経蔵屋敷絵図

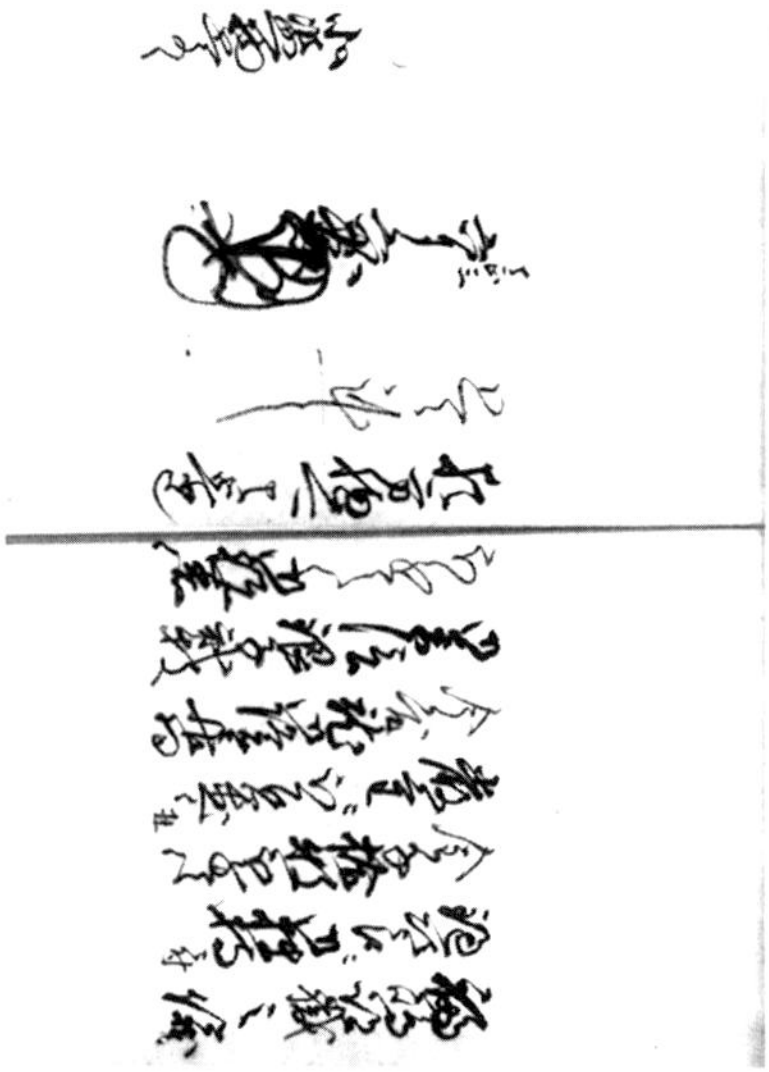

補遺 北畠具房奉行人奉書写

令和六年三月十日　印刷
令和六年三月二十日　発行

神宮御師資料　福島大夫文書

本体価格二、二七三円＋税

編著　皇學館大学研究開発推進センター史料編纂所
代表者　松本　丘
516-8555　伊勢市神田久志本町一七〇四

発行者　皇學館大学出版部
代表者　髙向正秀
516-8555　伊勢市神田久志本町一七〇四
電話　〇五九六－二二－六三二〇

印刷所　磯野印刷
516-0101　度会郡南伊勢町五ヶ所浦三八四一
電話　〇五九九－六六－一五六七

ISBN978-4-87644-227-0　C3014